Lenz
Low Carb für Berufstätige

Claudia Lenz war schon als Jugendliche interessiert an alternativen Ernährungsformen, sei es Makrobiotik, Vegetarismus oder Vollwerkost – alles musste ausprobiert werden. Diese ganz persönlichen Erfahrungen mit Lebensmitteln und deren Wirkung auf den Körper konnte sie mit dem Studium der Ernährungswissenschaft durch wertvolles Fachwissen ergänzen. Die Tatsache, dass wenige Kohlenhydrate auf dem Teller guttun können, hat Claudia Lenz am eigenen Leib erfahren – lange bevor das Thema Low Carb in aller Munde war: »Täglich litt ich unter den unangenehmen Symptomen eines zu niedrigen Blutzuckerspiegels zwischen den Mahlzeiten, etwa Schwindel und Kältegefühl. Seit ich Low Carb esse, gibt es diese Einbrüche nicht mehr, und ich bin viel leistungsfähiger.«
Claudia Lenz lebt mit ihrer Familie in Essen, arbeitet als Lektorin und Autorin von Büchern zu Ernährungs- und Gesundheitsthemen. In ihrer Freizeit findet man sie oft in der Sport- und Kletterhalle oder draußen auf Entdeckertour durch die Industrielandschaften des Ruhrgebiets.

Claudia Lenz

Low Carb für Berufstätige

Schnell & einfach: Rezepte mit Variationen fürs Büro

TRIAS

Liebe Leserinnen und Leser,

kennen Sie das? Wieder einmal lief alles so gut im Urlaub mit dem Essen auf Low-Carb-Art. Mit Muße einkaufen und gesund kochen, essen gehen und dabei bewusst das bestellen, was einem guttut. Mit allen Sinnen bei sich sein. Ja, so viel Zeit ist im Urlaub. Die Erholung nimmt zu, und das Gewicht bleibt da, wo es sein soll, wird im besten Fall weniger.

Doch kaum ist die freie Zeit vorbei und der Alltag hat einen wieder eingeholt, kommt man so unglaublich schnell wieder ins falsche Essensfahrwasser. Lästig!!! So rasch holt einen das Hamsterrad wieder ein: weil es Stress gibt, weil man sich selbst zu wenig Zeit nimmt für all das, was einem persönlich wichtig ist. Das wollen wir nicht. Wir möchten noch nicht einmal, dass es uns nach einem harmonischen Wochenende ratzfatz in eine ungemütliche, ernährungsmäßig katastrophale Woche schwappt.

Wohlfühlessen, Wohlfühlleben – Wohlfühl-Weiterleben auch nach der Urlaubszeit oder nach einem entspannten Wochenende … Wohlfühl-Low-Carb-Essen auch im Berufsalltag, darum geht es in diesem Kochbuch.

Wir stellen Ihnen wieder jede Menge Rezepte von morgens bis abends vor, von klein bis üppig, warme und kalte Gerichte, solche zum Sofort-Essen und viele, viele zum Mitnehmen … Hier geht einmal mehr ein herzliches Dankeschön an Elke Hilbert für ihre immer so kreative Unterstützung bei den Rezepten. Entdecken Sie vor allem unsere vielen »Zwei-Nutzen-Gerichte«, bei denen am Vortag vorgearbeitet wird für das Büro-Essen für den nächsten Tag und gleichzeitig springt auch noch ein Abendessen dabei heraus.

Guten Appetit und viel Genuss

Claudia Lenz

Low Carb im Job – so funktioniert's

Wenig Zeit, um zu kochen, lange Tage im Büro oder unterwegs, wenig Zeit fürs Essen und wenig Ruhe dafür. Keine Sorge, wir zeigen Ihnen, wie es geht, auch im Alltag die Low-Carb-Ernährung jeden Tag auf dem Plan zu behalten.

Low Carb im Berufsalltag

Low Carb ist eine Alltagsernährung. Das heißt, sie muss auch für diejenigen, die jeden Tag viele Stunden beruflich außer Haus sind, funktionieren. Und ebenso für alle, die täglich im Spagat zwischen Familie und Beruf glänzen.

Viele, die sich entschieden haben, low carb zu leben, möchten diese Ernährungsweise dauerhaft beibehalten, weil sie die Erfolge von Low Carb deutlich sehen. So schätzen beispielsweise viele an Low Carb, dass überflüssige Kilos leichter schwinden als mit anderen Diäten. Häufig wird als Hauptargument für diese Ernährungsform genannt, dass das mit Low Carb erreichte Wunschgewicht konstant bleibt, auch wenn nach der Abnehmphase im Rahmen von Low Carb wieder etwas mehr Kohlenhydrate gegessen werden.

Viele Low-Carbler berichten auch, dass sie sich mit kohlenhydratbewusstem und kohlenhydratreduziertem Essen einfach rundum wohler fühlen als vorher. Sie nennen als Gründe unter anderem,

dass sie nach den Mahlzeiten kein Müdigkeitstief mehr erleiden und dass quälende und lähmende Heißhungerattacken wegen Unterzuckerung zwischen den Hauptmahlzeiten der kohlenhydratlastigen Vergangenheit angehören.

Low Carb punktet im Job

Vor allem die beiden letztgenannten Punkte sind schlagkräftige Argumente für eine Low-Carb-Ernährung auch im Berufsalltag. Blutzuckertiefs machen uns im akuten Fall innerhalb von Minuten weniger leistungsfähig, denn der durch den Unterzucker ausgelöste Heißhunger bringt Naschzwang mit sich, und das wiederum macht uns auf Dauer dick.

Dazu kommt noch ein dritter Vorteil, der für den erfahrenen Low-Carb-Praktizierenden wahrscheinlich gar kein Thema mehr ist: Wer sich low carb ernährt, kommt mit drei bis vier Mahlzeiten am Tag aus.

Essen nach den Regeln von Low Carb hat also einige Vorteile für alle, die im Arbeitsleben stehen:
- Man ist mit dieser Ernährungsweise gleichmäßiger fit über den Tag hinweg, dadurch ist die Arbeit leichter und schneller erledigt.
- Es geht keine Zeit mit wiederholtem Naschen – und vor allem auch für das häufige Denken ans Essen – verloren. So bleibt mehr Zeit, die anstehenden Aufgaben konzentriert wegzuarbeiten.

Die Low-Carb-Regeln

Und so einfach sind die Regeln, die Sie als Low-Carb-Geübte bestimmt längst verinnerlicht haben:

- Es gibt drei Hauptmahlzeiten am Tag.
- Sie dürfen, ja sollen sich zu jeder Hauptmahlzeit satt essen.
- Das ist auch deshalb wichtig, weil zwischen den einzelnen Hauptmahlzeiten idealerweise nicht weniger als fünf Stunden liegen sollten.
- Wenn Sie eine Zwischenmahlzeit einnehmen, dann sollten seit der letzten Hauptmahlzeit mindestens drei Stunden vergangen sein.

Untrennbar mit der Low-Carb-Ernährungsweise ist ein aktiver Lebensstil verbunden. Denn nur wer sich häufig und reichlich bewegt, hält seinen Stoffwechsel in Schwung, sodass er die mit der Nahrung aufgenommenen Nährstoffe auch richtig verwerten kann. Weitere Informationen zu einem bewegten Alltag finden Sie im Abschnitt »Aktiv durch den Alltag mit Low Carb«. (Seite 14)

Physiologischen Hintergründe

Low-Carb-Essen wirkt in unserem Körper ausgleichend auf den Blutzucker und damit auf den Insulinspiegel im Blut. Das schützt uns vor unangenehmen Unterzuckerungen, schont die Bauchspeicheldrüse, in der das Hormon Insulin produziert wird, und verschont unser Fettgewebe vor Fettnachschub.

Doch wie funktioniert das genau? Das Hormon Insulin hat die Aufgabe, unseren Blutzuckerspiegel, also die Menge an Glukose (auf Deutsch: Traubenzucker) im Blut, zu regulieren. Glukose ist ein Kohlenhydrat, genaugenommen ein Einfachzucker, also ein Zuckerbaustein, der aus nur einem Molekül besteht.

Doch warum ändert sich der Blutzuckerspiegel eigentlich und muss daher reguliert werden? Das liegt daran, dass die Menge an Glukose im Blut stark von unserer Nahrung beeinflusst wird. Alles, was wir essen, gelangt, in kleinste Teile zerlegt, aus dem Darm zunächst ins Blut, das diese Teilchen dann weiterbefördert. Auch Kohlenhydrate müssen bei der Verdauung in kleinste Teilchen zerlegt werden, in Einfachzucker. Manche Kohlenhydrate sind schnell zerlegt, weil sie nur Zweifachzucker sind. Zu diesen schnellen gehören alle süß schmeckenden Kohlenhydrate – sei es aus Süßigkeiten oder auch aus Obst – sie steigern den Blutzucker rasch und stark.

Das bedingt eine entsprechend hohe Ausschüttung von Insulin, das den überschüssigen Zucker aus dem Blut entfernen soll. Dieses Hormon öffnet daher alle Zellen für den Einstrom von Glukose und anderen Nährstoffen. In Muskeln und Leber passt aber nur eine gewisse Menge an Glukose. Was dann noch an überschüssiger Glukose im Blut ist, wird in Fett umgewandelt und im Fettgewebe eingelagert.

Es gibt in unserer Nahrung auch so genannte langsame Kohlenhydrate. Dabei handelt es sich um Stärke. Die steckt u. a. in Getreide, Hülsenfrüchten, Kartoffeln, Kürbis, Mais. Stärke braucht lange, bis sie im Darm in Einfachzucker zerteilt ist, weil sie aus langen, teils verzweigten Ketten aus Zuckerbausteinen besteht, die nach und nach zerlegt werden müssen. So kann der Blutzucker nicht plötzlich hinaufschnellen. Allerdings wird er sich über viele Stunden auf relativ hohem Niveau befinden, wenn unsere Mahlzeit reichlich Stärke enthalten hat.

Eine kohlenhydratarme Mahlzeit, insbesondere eine ohne schnelle Kohlenhydrate, bewirkt immer nur einen nur geringen Anstieg der Blutglukose. Es muss dann nicht so viel Glukose aus dem Blut »weggeräumt« werden. Die Fettzellen müssen daher auch keine Überschüsse aufnehmen.

Wie sehen Low-Carb-Mahlzeiten konkret aus?

- Low-Carb-Mahlzeiten sind vielseitig, abwechslungsreich und gesund. Sie enthalten alle Nährstoffe und sonstigen Bausteine wie Vitamine, Mineralstoffe und sekundäre Pflanzenstoffe, die unser Körper benötigt.
- Low carb sind die in diesem Buch vorgestellten Mahlzeiten dadurch, dass ungesunde Kohlenhydrate wie isolierte Stärke (z. B. in Getreideprodukten) und Süßes (z. B. gezuckerte, aber auch süße Früchte) stark reduziert werden. Dagegen kommen stärkehaltige Gemüse oder Hülsenfrüchte durchaus vor. Sie liefern Kohlenhydrate, mit denen unser Körper gut umgehen kann.
- Low-Carb-Mahlzeiten sollten möglichst oft selbst zubereitet

sein. Und wenn sie dann noch aus möglichst wenig verarbeiteten Zutaten zubereitet sind, dann haben Sie garantiert auch nur das in Ihrem Essen, was Sie auch wirklich darin haben wollen. Dabei geht es natürlich zum einen um – ggf. versteckte – High-Carb-Inhaltsstoffe (etwa Zucker im gekauften Beerenjoghurt, Verdickungsmittel in Fertigsaucen). Es geht aber auch um unerwünschte oder gar (für Sie) schädliche Inhaltsstoffe, beispielsweise künstliche Aromen, Konservierungsstoffe oder Allergie-auslösende Komponenten, wie sie etwa in nicht näher definierten Gewürzmischungen enthalten sein können. Sie haben das alles am besten im Griff, wenn Sie sich selbst um Ihre Mahlzeiten kümmern, statt deren Zubereitung der Ernährungsindustrie oder der lokalen Gastronomie zu überlassen.
- Und nicht zuletzt aus diesem Grund sind Low-Carb-Mahlzeiten individuell: weil Sie selbst am besten wissen, was Ihnen guttut, und Ihre Speisen entsprechend zubereiten.

Und das alles lässt sich mit dem Job vereinbaren?

Na klar! Mit ein bisschen Übung und Routine. Geben Sie sich Zeit für die Einführung Ihres Low-Carb-Lebens in den Job-Alltag. Hier geht

es um Gewohnheiten, die abgelegt werden wollen, und um neue, die eingeführt werden wollen. Das kann nicht von heute auf morgen geschehen. Mit den Informationen und vor allem mit den Rezepten in diesem Buch soll Ihnen die Umstellung auf einen Low-Carb-Arbeitsalltag leichter fallen.

Die Frühstücke bieten Anregung für sättigende Morgenmahlzeiten, die die Grundlage für konzentrierte Vormittagsarbeit sind. Die Gerichte im hinteren Teil des Buches kommen im Doppelgespann daher. Hier entstehen mit einmal Kochen am Vortag ein Abendessen und ein Büromittagessen für den nächsten Tag (ab Seite 64).

Und damit Sie in Ihrer Low-Carb-Küche flexibel bleiben können, finden Sie in diesem Buch auch einige kleine Mahlzeiten, die sich gut für Zuhause eignen (ab Seite 48). In diesem Rezeptkapitel können Sie stöbern, wenn Sie einmal nichts für den nächsten Tag vorbereiten wollen oder müssen, etwa weil es ein Geschäftsessen geben wird oder Sie mit Kollegen auswärts essen gehen werden – oder weil das Ihr freier Tag sein wird. Außerdem finden Sie dort auch kleine Mahlzeiten, die sich schnell vorbereiten lassen, falls Sie einmal keine große Koch-Vorarbeit am Tag vorher leisten möchten.

Die Rezeptideen zusammen mit den Hinweisen, Anregungen und Tipps (Seite 23) mögen Sie in einen entspannten Low-Carb-Arbeitsalltag begleiten, in dem der eine oder andere Tag vielleicht nicht ganz nach Ihren Vorstellungen verläuft, aber grundsätzlich die Weichen auf Low Carb gestellt sind.

Low Carb – das Prinzip

Kohlenhydratbetonte Ernährung lässt den Blutzucker kurz nach dem Essen stark nach oben und einige Zeit nach der Mahlzeit wieder weit nach unten ausschlagen. Insbesondere der starke Abfall des Blutzuckers hat allerdings nachteilige Wirkungen: Er führt zu Heißhungergefühlen, die wir mit hastigem Essen von kohlenhydratreichen Speisen befriedigen, doch nur kurzfristig, denn das nächste Blutzuckertief ist damit bereits vorprogrammiert. Es kommt zu einem fatalen Kreislauf, der uns in eine Essensspirale bringt, weg aus der Wohlfühlzone, weg vom Wohlfühlgewicht.

Bei Menschen, die low carb essen, stellt man dagegen nur geringe Ausschläge des Blutzuckerspiegels nach oben (nach dem Essen) und nach unten (vor der nächsten Mahlzeit) fest. Das liegt natürlich an der Zusammensetzung von

Low-Carb-Mahlzeiten: Schnelle Kohlenhydrate sind bei Low Carb vom Speisezettel gestrichen. Nur Obst bekommt als natürliches Nahrungsmittel einen Bonus. Es liefert viele Nährstoffe im Gesamtpaket. Säuerlichem Obst wie Beeren und Zitrusfrüchten wird dabei der Vorzug gegeben. Selbst die langsamen Kohlenhydrate, also Stärke, kommen bei Low Carb nur in kleinen Mengen vor. Und wenn, dann ausschließlich in natürlichen Lebensmitteln, niemals als Stärke- oder Weißmehl und daraus hergestellten Produkten. Geringe Mengen an stärkehaltigen Nahrungsmitteln wie Vollkorngetreide, Kartoffeln oder Hülsenfrüchte wie Bohnen und Linsen sind eine Bereicherung des Speiseplans. Wie viel, muss allerdings jeder individuell entscheiden.

Low Carb ist vielfältig und flexibel

Je nach Stoffwechseltyp ist für den einen »very low carb«, also sehr kohlenhydratarm, die ideale Ernährungsweise, für den anderen passt »gemäßigt low carb« besser. – Woran liegt das?

Wir Menschen sind eigentlich Allesesser, wir können mit pflanzlicher Nahrung und mit tierischer Nahrung etwas anfangen, mit kohlenhydratreicher und fettreicher. Mit roher oder gekochter.

Aber nicht jeder kann mit allem in gleich guter Weise leben. Denn jeder Mensch hat eine ganz individuelle Bakterienflora im Darm, die mit bestimmten Nahrungsmitteln und Nährstoffen besser kann als mit anderen. Außerdem besitzt jeder Mensch eine ganz individuelle hormonelle Konstitution. So kommt es, dass unser Körper auch mit im Blut ankommendem Zucker aus den verzehrten Kohlenhydraten unterschiedlich gut umgehen kann. Manche Menschen brauchen mehr Insulin, manche weniger, um den Blutzucker wieder zu regulieren. Diejenigen, die vergleichsweise viel Insulin benötigen, rutschen danach aber auch in ein niedrigeres Blutzuckertief – mit allen bekannten unangenehmen Auswirkungen. Für diese letztgenannte Gruppe ist eine eher strenger kohlenhydratarme Low-Carb-Ernährung besonders gut geeignet.

Hier sollte jeder für sich selbst ausprobieren, mit welchen Kohlenhydratmengen er sich über den Tag hinweg am wohlsten fühlt. Ganz gleich, ob sehr wenig oder nur ziemlich wenig, die Quellen für Kohlenhydrate bei Low Carb sind Vollkornprodukte, Hülsenfrüchte, säuerliches Obst und Beeren und geringe Mengen anderer Früchte.

Und nicht nur bei den Kohlenhydratmengen gilt: Low Carb ist flexibel, sondern auch bei der Auswahl der Lebensmittel. Denn es gibt bei dieser Ernährungsform keine Verbote. Solange Sie sich aus der großen Vielfalt möglichst naturbelassener Lebensmittel bedienen, ist erlaubt, was schmeckt. Es stehen Ihnen alle Gemüse, Hülsenfrüchte, alle Arten von Fleisch, Geflügel und Fisch, alle Arten von natürlichen Fetten und Ölen, von Nüssen und Samen, von Milchprodukten, auch von natürlichen Gewürzen und Würzzutaten zur Auswahl. Bei einer solchen Vielfalt an Lebensmitteln bleibt auch der Speisezettel mühelos vielfältig. Sie können sicher sein, dass Sie mit allen Nähr- und Vitalstoffen gut versorgt sind. Low Carb eignet sich aus diesen Gründen hervorragend als lebenslange Ernährungsweise.

Low Carb – ideal für Sitzarbeiter

Die meisten von uns verrichten eine mehr oder weniger sitzende Tätigkeit bzw. eine, bei der man sich nicht körperlich verausgabt. Die wenigsten von uns benötigen heute aus ihren Mahlzeiten kräftige Energieschübe für die Muskeln. Trotzdem müssen auch Büromenschen essen. Nur eben anders als etwa ein Straßenbauarbeiter oder ein Maurer.

Essen für Schreibtischarbeiter sollte vor allem eine gute Basis für stundenlange konzentrierte Kopfarbeit sein. Dazu eignet sich die Low-Carb-Ernährung ideal – weil sie so ausgleichend auf den Blutzuckerspiegel wirkt.

Aktiv durch den Alltag mit Low Carb

Low carb zu leben bedeutet aber noch mehr, als nur kohlenhydratbewusst zu essen. Zum Low-Carb-Lebensstil gehört ein aktives Leben. Körperliche Aktivität hat in diesem Konzept denselben Stellenwert wie das richtige Essen.

Warum ist das so? Weil der Mensch für Bewegung gemacht ist. Jeder hat schon am eigenen Leib verspürt, wie ungut es sich anfühlt, wenn man einige Tage liegen musste. Es gibt dann keine Stellung mehr, in der das Liegen noch angenehm wäre. Oder wenn man stundenlang stillsitzen muss, etwa eingezwängt im Flugzeug. Da sind Rücken- und Beinschmerzen vorprogrammiert. Oder wenn man, den Blick auf den Bildschirm gerichtet, lange Zeit auf die Tastatur klopft. Nackenschmerzen sind da fast schon die logische Folge.

Der menschliche Körper ist so gebaut, dass er am besten mit immer wieder wechselnden Bewegungen zurechtkommt. Die Muskeln wollen angespannt und entspannt werden, die Gelenke wollen bewegt und nicht starr gehalten werden, der Kreislauf möchte durch Bewegung in Schwung kommen und unser Stoffwechsel möchte durch Bewegung auf Touren gebracht werden. Denn nur ein aktiver Stoffwechsel stellt sicher, dass jede unserer Zellen bestmöglich versorgt ist mit Sauerstoff und Nährstoffen. Nur ein aktiver Stoffwechsel garantiert, dass die mit dem Essen aufgenommene Energie auch dorthin gelangt, wo sie benötigt wird – dass reichlich Energie verbraucht statt in Fettzellen deponiert wird. Versuchen Sie daher einen bewegten Alltag zu leben, auch wenn Ihr Arbeitsplatz ein Schreibtisch ist.

Hier einige Tipps:
- Ignorieren Sie Fahrstühle und nehmen Sie lieber die Treppen. Schon nach kurzer Zeit werden Sie feststellen, dass Ihnen das gar nichts mehr ausmacht und Sie kaum mehr aus der Puste kommen.
- Sie brauchen eine Einschätzung von einem Kollegen? Oft dauert es gar nicht wirklich länger, wenn Sie das statt über das Telefon kurz im direkten Gespräch klären. Und schon sind Sie wieder ein paar Schritte unterwegs gewesen.
- Gehen Sie überhaupt öfter zu Fuß. Sei es, dass Sie sich ab und zu die Zeit nehmen, den Weg nach Hause zu Fuß zurückzulegen. Sei es, dass Sie einfach eine Haltestelle später in den Bus einsteigen oder eine früher aus. Sei es, dass Sie die Mittagspause auch dazu

nutzen, eine Runde zügig spazieren zu gehen. Oder vielleicht gehen Sie einfach nach der Arbeit noch mit Ihrem Partner oder Ihren Kindern eine Runde raus.
- Vielleicht können Sie sich im Büro ein Stehpult anschaffen, um abwechselnd im Sitzen und Stehen zu arbeiten. Da denkt es sich auch gleich besser, wenn man ab und zu die Position wechselt.
- Gibt es vielleicht eine Möglichkeit, mit dem Fahrrad zur Arbeit zu kommen? Dann nutzen Sie diese. Bewegung und frische Luft lassen einen hellwach im Büro ankommen. Und auch nach der Arbeit wirkt das Fahrradfahren wunderbar befreiend von lästigen Gedanken an den Job.

Sport nutzt auch dem Gehirn
Ist diese Botschaft nicht eine tolle Motivation für Kopfarbeiter? Auf jeden Fall! Es kommt noch besser: Sport nutzt dem Gehirn auf mehrfache Weise:
- Mit Ausdauersport fördern Sie nachgewiesenermaßen die Bildung von winzigen Blutgefäßen im Gehirn. Die Gehirnzellen sind dann noch besser versorgt, was wiederum die Denkleistung steigert. Geeignete Sportarten hierfür sind regelmäßiges Joggen, Wal-

ken, Fahrradfahren oder Schwimmen.
- Mit Sport fördern Sie die Vernetzung der Gehirnzellen miteinander. Dann können diese noch effizienter miteinander arbeiten – und Sie können schneller und komplexer denken. Nachgewiesen ist diese Wirkung von Sport auf das Gehirn bisher für Ausdauersport und Sportarten, die besonders viel Koordination verlangen. Dazu gehören Tanzen, Klettern, Turnen, Kampfsport, Ballsport und Mannschaftssport wie Hockey.

Gerade für Büromenschen, die zudem auch noch im Privatleben einen gut gefüllten Terminkalender haben, ist regelmäßiger Sport von Bedeutung. Er bringt eine Auszeit von den Alltagsaufgaben und auch von den Alltagssorgen für Gehirn. Das bringt wieder Kraft für neue Herausforderungen.

Und nicht zuletzt: Wer seinen Kreislauf vor einer anstrengenden, viel Konzentration fordernden Aufgabe nochmals gut ankurbelt, verpasst dem Gehirn damit eine regelrechte Sauerstoffdusche, die das Denken fördert.

Low-Carb-Praxis – so klappt's im Job

Sie sind überzeugte Low-Carblerin und wollen das auch im Job umsetzen? Super! Manchmal ist es gar nicht so einfach, aber mit unseren Ideen und Tipps werden Sie auch die unvermeidlichen Stolperfallen leicht umgehen.

Vielleicht kennen Sie das: Das Frühstück liegt Stunden zurück, der Magen beginnt zu grummeln, die Tabellen auf dem Bildschirm vermögen einen nicht mehr zu fesseln, während der Besprechung driftet man ab, es fröstelt einen von innen heraus. Lustlosigkeit breitet sich aus, von den Zehenspitzen bis zum Gehirn. Oder umgekehrt. All das sind mögliche Symptome von Unterzuckerung.

Low-Carb-Erfahrene kennen das aus ihren ersten Tagen bis Wochen der Ernährungsumstellung auf Mahlzeiten mit wenigen Kohlenhydraten. Doch auch im routinierten Low-Carb-Alltag kann ein unangenehmer Blutzuckerabfall immer wieder einmal vorkommen. Dann zum Beispiel, wenn Sie morgens einfach zu wenig gegessen haben.

Oder wenn Sie übermüdet sind, denn das bringt den Hormonhaushalt und damit auch den Insulinhaushalt durcheinander. Oder wenn die Zeit zwischen Mittagessen und Abendessen aus organisatorischen Gründen einfach zu lang ist. Für all diese Fälle sollten Sie auf Low-Carb-Weise gerüstet sein.

Ideen für schnelle Mitnehmgerichte

Wenn bereits von vornherein klar ist, dass Sie einen Snack brauchen werden, etwa weil der Bürotag länger dauern wird als gewohnt, dann können Sie beispielsweise ein klassisches belegtes Brot von zu Hause mitnehmen. Es gibt längst schmackhafte Eiweißbrote bzw. -brötchen

zu kaufen. Oder Sie backen es sich auf Vorrat selbst, z. B. das Möhrenbrot (Seite 34). Eine solche Low-Carb-Brotmahlzeit kann selbstverständlich auch Ihr Büromittagessen sein, dann gibt es dazu noch etwas Rohkost und vielleicht einen Beerenquark (Seite 29) hinterher.

Wenn Sie Ihre Büro-(Zwischen) Mahlzeit gerne gabeln, gefallen Ihnen vielleicht die folgenden Anregungen:

- Bereiten Sie am Vortag einen Salat aus gegarten Bohnenkernen, gewürfeltem Käse (oder Zwiebeln) und Gemüse nach Wahl zu. Am besten mit Essig-Öl-Marinade. Der Bohnensalat kann dann über Nacht im Kühlschrank ziehen. Am Morgen geben Sie dann noch eine Portion Tiefkühl-Kräuter nach

Wahl darauf. Deckel zu und fertig ist ein gesunder, sättigender, bunter Low-Carb-Imbiss.

- Mit einer Vinaigrette angemachtes gebratenes Gemüse ist ebenso schnell vorbereitet und kann unendlich variiert werden: was das Gemüse angeht (z. B. Paprika, Zucchini, Aubergine, Staudensellerie, Blumenkohl), mit Nüssen und Samen, mit Kräutern, mit Käse, mit gebratenen Baconwürfeln.
- Gut zum Mitnehmen eignet sich auch Eiersalat mit Mayonnaise, Senf und ein paar Tiefkühl-Erbsen, dazu Krabben und oder Räucherlachs. Das können Sie ebenfalls am Vorabend zubereiten und morgens mit reichlich Schnittlauch verfeinern.
- Viele weitere Ideen finden Sie im Rezeptteil (ab Seite 64), wo auf Basis des Rezepts für das Vorabendgericht ein leckeres Low-Carb-Bürogericht to go entsteht.
- Eine andere und ganz einfache Möglichkeit, an gute Low-Carb-Büromahlzeiten zu kommen, ist, zu Hause einfach eine größere Menge eines Gerichts zu kochen und das Übrige portionsweise und gut beschriftet einzufrieren. Wenn Sie das eine Weile lang gemacht haben, können Sie sich bald aus einer großen Auswahl an Gerichten bedienen und dann abends schon mal die Qual der Wahl haben. Nehmen Sie die gewählte Portion aus dem Gefriergerät und bewahren Sie sie bis zum nächsten Morgen im Kühlschrank auf. So kann das Essen schon mal antauen und ist dann mittags im Büro rasch aufgewärmt.

Anregungen für Low-Carb-Vorräte im Büro

Ich persönlich bevorzuge für einen Bürosnack etwas Salziges, Fettreiches und einen heißen Tee dazu. Denn der Tee wärmt den Körper schnell durch und das Salz der Nüsse gelangt durch die dazu getrunkene Flüssigkeit schnell ins Blut, wo Flüssigkeit und Salz dazu dienen, den Blutdruck wieder zu stabilisieren. Die fettreichen Nüsse sorgen außerdem dafür, dass bis zur nächsten Mahlzeit Energie bereitsteht.

Den gleichen Effekt wie die salzigen Nüsse hat natürlich auch salziger Käse wie beispielsweise Feta oder würziger Edelschimmelkäse oder Cheddar. Den Käse können Sie z. B. in Paprikaschiffchen essen oder in Salatblätter einwickeln. Oder Sie trinken eine Tasse klare Brühe. Auch das ist warm und salzhaltig und hat denselben Effekt – in diesem Fall fast ohne Kalorien.

Andere bevorzugen eher süße Bürosnacks. Auch das geht selbstverständlich low carb, z. B. als Low-Carb-Müsli: ¼ säuerlichen Apfel klein schneiden, mit einer Handvoll Beeren nach Wahl, z. B. Himbeeren, und zwei gehäuften Esslöffeln gemischten grob gehackten Nüssen in eine Schüssel geben, 150–200 g Sahnequark zufügen und genießen.

Die Büro-Nasch-Schublade

Wenn Sie also in Ihrem Schreibtisch eine Schublade für Vorräte frei haben, dann wird diese als (ungekühlte) Low-Carb-Snacks vor allem Nüsse und Samen enthalten. Wechseln Sie immer mal wieder ab, zur Auswahl stehen z. B. Haselnüsse und Walnüsse, Mandeln, Cashewkerne, Erdnüsse, Pinienkerne, Sonnenblumenkerne oder Kürbiskerne. Die Nüsse und Samen können ganz nach Geschmack auch mal geröstet und gesalzen sein.

Ideen für den Low-Carb-Büro-Obstkorb

In vielen Büros hat ist der vom Arbeitgeber bereitgestellte Obstkorb längst gute Sitte. Und es gibt eine Menge Obst, die gut in das Low-Carb-Konzept passt:

- säuerliche Äpfel und Birnen
- Pfirsiche, Aprikosen, Nektarinen
- Kirschen
- Mango
- Zuckermelonen wie Cantaloupe-, Netzmelone, Galia-Melone
- Grapefruit und andere Zitrusfrüchte

Falls in Ihrem Büro-Obstkorb vor allem High-Carb-Früchte wie Bananen, Weintrauben und sehr süßes Kernobst angeboten wird, sprechen Sie das an und bitten Sie darum, dass Ihre Obstwünsche berücksichtigt werden. Man wird Ihnen sicherlich entgegenkommen.

Was Sie wahrscheinlich selbst mitbringen müssen, sind die folgenden beiden Obstarten:

- Avocado!! Mit ihren gesunden, sättigenden Fetten ist sie die Low-Carb-Geheimwaffe schlechthin gegen den Snack-Hunger.
- alle Arten von Beeren (die aber in das Gemüsefach des Kühlschranks gehören und nicht in den Obstkorb)

Dieses Obst ist nicht nur teuer, sondern auch sehr empfindlich und daher für Büro-Obstkörbe ungeeignet.

Wichtig: Bei Avocado und Beeren sind Snack-Mengen bis zu einer Handvoll in Ordnung. Bei den weiter oben genannten Obstsorten empfehle ich pro Tag allerdings nicht mehr als eine kleine Handvoll mundgerecht vorbereitetes Obst für eine Zwischenmahlzeit oder ein Dessert. Denn all diese Obstsorten enthalten nennenswerte Mengen Fruchtzucker. Lange dachte man von Fruchtzucker, er sei der bessere Zucker, weil er kein Insulin auf den Plan ruft. Heute weiß man, dass Fruktose ein hochreaktiver Zucker ist, der im Körper entzündungsfördernd wirkt und zudem kein Sättigungsgefühl auslösen kann. Daher gibt es hier beim Obst eine konkrete Empfehlung für eine angemessene Menge an Obst, das außerhalb der drei Hauptmahlzeiten verzehrt wird.

Ideen für den Büro-Kühlschrank

Wohl dem, der einen Büro-Kühlschrank zur Verfügung hat bzw. ein bisschen Platz im Gemeinschaftskühlschrank. Wählen Sie aus den folgenden Vorschlägen aus und wechseln Sie immer mal wieder ab, so werden Sie über die Zeit die ganze Vielfalt an Low-Carb-Snacks kennenlernen und Ihre Favoriten herausfinden.

- Mozzarella – funktioniert deshalb so gut als Büroessen, weil der Käse nicht unangenehm riecht und damit absolut Großraumbürotauglich ist. Kombinieren Sie ihn beispielsweise mit klein geschnittenen, in Öl eingelegten getrockneten Tomaten (können Sie gut zu Hause vorbereiten).
- junger Camembert/Brie – Es gibt sie teilweise vorportioniert in Brotzeithappen. Auch sie riechen und schmecken neutral, solange sie nicht zu lange gelagert sind. Dazu passen Apfelspalten oder Paprikastreifen, aber auch Gurkenscheiben.
- Pesto aus dem Glas – Es gibt selbst beim Discounter inzwischen verschiedene Sorten. Dazu schmecken Staudensellerie-

sticks oder Mini-Möhren bzw. Mini-Gurken oder -Paprika. Und wenn Ihnen das Pesto pur zu intensiv schmeckt, mischen Sie es einfach mit Quark.

- Forellenkaviar – keine Angst, Sie werden nicht arm! Forellenkaviar kostet etwa 6 Euro pro 100 g, das sind etwa 8 Portionen. Darunter befinden sich bei Ihrer Büromahlzeit z. B. Kräuterquark bzw. Sour Cream aus dem Supermarkt und Vollkornknäckebrot. Fertig ist der Snack. Geschmacklich exquisit, ohne jeglichen Fischgeruch. Alle, die Fisch mögen, sollten ihn einfach mal ausprobieren.
- Aufstriche auf Gemüsebasis – diese gibt es in vielen Geschäften zu kaufen, vom Drogeriemarkt bis zum Edelsupermarkt. Wählen Sie solche, bei denen in der Zutatenliste an den vordersten Stellen Gemüse steht, dann sind Sie auf der sicheren Low-Carb-Seite und können für eine Zwischenmahlzeit reichlich davon auf Knäcke- oder Knusperbrot streichen.
- (Kräuter-)Quark, saure Sahne, Sour Cream, Mascarpone, griechischer Joghurt & Co. Sie werden mit etwas Pesto zum cremigen Dip (s. oben), in den Sie Stücke von Staudensellerie, Paprika, Gurke, Möhren oder auch von säuerlichen Äpfeln eindippen.
- Beeren – können Sie mit etwas Quark bzw. Mascarpone anrichten. Schnelles Beeren-Genießer-

rezept: Heidelbeeren mit Sahnequark, der mit ein paar Esslöffeln sehr starkem Minzetee aromatisiert ist. Statt die Beeren im Kühlschrank zu lagern, können Sie auch gefrorene Beeren von zu Hause mitbringen. Sie sind bis zur Snackzeit garantiert aufgetaut.
- Snackgemüse wie Gurken, Möhren, Mini-Tomaten, Paprika, Staudensellerie. Alternativ bringen Sie geschnittenes Gemüse von zu Hause mit. Das können Sie sogar für ein, zwei Tage im Voraus schneiden.
- hart gekochte Eier. Davon können Sie immer einen ganzen Wochenvorrat kochen, weil sie sich gut halten.
- Halten Sie auch Gewürze bereit, mindestens Salz und Pfeffer.

Trinkbare Büro-Snacks

Wenn Sie zu Hause einen Smoothie-Mixer haben, bereiten Sie sich doch auch mal einen Smoothie to go vor. Anregungen für grüne Low-Carb-Smoothies gibt es reichlich, u. a. im Internet und in mehreren Büchern aus dem Trias-Verlag.

Wenn Essen auf Reisen geht …

… sollte es gut und praktisch verpackt sein. Idealerweise kann die Transportverpackung für Ihre Büromahlzeit aber noch mehr: Sie soll-

ten aus ihr essen können, denn nicht jeder hat an seinem Arbeitsplatz Geschirr zur Verfügung. Für ein Büroessen, das Sie heiß genießen möchten, ist außerdem eine Verpackung praktisch, in der Sie die Mahlzeit auch direkt in der Mikrowelle erwärmen können.

Wer sich mit Suchbegriffen wie »lunchbox«, »Brot(zeit)box«, »Essensbox« ins Internet begibt, wird von der Vielfalt an Produkten überrascht sein, die es inzwischen gibt. In allen Formen und Farben kommen die Essenstresore daher, sie sind aus ganz unterschiedlichen Materialien und weisen eine mehr oder weniger ausgeklügelte Innenarchitektur auf. Manche der Boxen sind gar mit Designpreisen ausgezeichnet.

Welche Dose ist die richtige für mich?

Überlegen Sie, was Sie transportieren möchten. Die Verpackung richtet sich nach dem Inhalt. Wenn Sie sich an den To-go-Mahlzeiten in diesem Buch orientieren, werden Sie feststellen, dass es einerseits verschiedene Eintopfgerichte zu transportieren gibt (z. B. Halbrohkost mit Hackfleisch (Seite 84), Süßsaure Gulaschkaltschale (Seite 91), Linseneintopf mit Tomaten, Seite 79). Andererseits finden Sie aber auch viele Mitnehm-Mahlzeiten, die aus mehreren Komponenten bestehen und beim Transport nicht vermengt werden sollen. Dazu gehören z. B. Chinakohl mit Thunfisch (Seite 102), Schweinelendchen mit Tomatensalat (Seite 92), Blattgemüse-Fischpfanne (Seite 104).

Das bedeutet, Sie benötigen mindestens eine Dose ohne Unterteilung und eine mit zwei, besser drei Unterteilungen. Eine Alternative wäre ein Dosenset bestehend aus vier Dosen ohne Unterteilung in verschiedenen Größen.

Wenn Sie Dressing zu transportieren haben oder andere Saucen, die Sie erst kurz vor dem Essen mit dem Gericht vermischen wollen oder die sogar separat angerichtet werden (wie etwa bei der Zucchinipfanne mit Tomaten (Seite 78) oder beim Avocado-Carpaccio, Seite 66), eignen sich Transportdosen, zu denen eine separate dicht schließende kleine Dose gehört.

Kleine Materialkunde

Sie finden in diesem Buch warme ebenso wie kalte Bürogerichte. Für die warmen Gerichte sollte das Gefäß unbedingt mikrowellengeeignet sein. In die Mikrowelle dürfen außer dem Porzellan-Bürogeschirr alle Transportgefäße aus Glas und solche Kunststoffboxen, auf denen

das Mikrowellenzeichen zu sehen ist: Drei Wellen übereinander in einer rechteckigen Umrahmung. Dieses Zeichen finden Sie in der Produktbeschreibung, außerdem auf der Unterseite des Geschirrs und natürlich in der Gebrauchsanweisung. Ist der Transportbehälter aus einem für die Mikrowelle ungeeigneten Material, kann das dazu führen, dass unerwünschte Stoffe in Ihr Essen übergehen, dass das Material der Box Schaden nimmt oder dass die Mikrowelle beschädigt wird.

Wichtig: Jeder Plastikbehälter, in denen heiße Speisen und Getränke transportiert werden oder in denen diese dann später erhitzt werden, sollten ohne Bisphenol A (BPA) sein. Das bedeutet, er darf nicht aus dem Kunststoff Polycarbonat sein, das mit BPA hergestellt wird. Die Art des Kunststoffs ist auf der Unterseite des Behälters eingeprägt. Besteht er aus Polycarbonat, steht hier »PC«.

Edelstahl ist (in der Ausführung für Essensbehälter) relativ leicht, sieht chic aus, ist praktisch unverwüstlich und sehr hygienisch. Dieses Material eignet sich aber nicht für die Mikrowelle. Die Mikrowellen prallen an Edelstahl ab, daher bleibt das Essen kalt, und die zurückprallenden Wellen können die Mikrowelle selbst beschädigen.

Glas ist schwer und nicht bruchfest, dafür langlebig, superhygienisch und für kalte wie aufzuwärmende Speisen gleich gut geeignet.

Melamin ist leicht, bruchsicher und es gibt viele ansprechende Designs bei Melamingeschirr. Allerdings ist auch dieses Material nicht für die Mikrowelle geeignet.

Schließlich noch ein paar Hinweise zur Form Ihrer Transportgefäße: Diese wird vor allem von der Form der Tasche bestimmt, mit der Sie zur Arbeit gehen. Wer einen Korb trägt, bringt darin auch prima flache, breite Gefäße unter. Wer einen Rucksack trägt, entscheidet sich eventuell eher für stapelbare Boxen.

Und wer seine Essensbox hochkant stellen möchte, etwa in eine Aktentasche, der braucht eine Lunchbox mit mehreren Abteilungen für verschiedene Essenskomponenten, bei der der Deckel jedes Fach einzeln dicht schließt. Die gute Nachricht: Auch das ist bereits erfunden.

Wie transportiere ich Flüssiges am besten?

Für den Transport von Getränken, Smoothies, aber auch von Trinksuppen eignen sich Getränketransportflaschen, die – zusätzlich zur Trinköffnung – noch eine weite Schrauböffnung haben, damit man sie nach Gebrauch gut mit einer Bürste reinigen kann. Das ist bei Suppen-Containern »to go« in jedem Fall gegeben. Schließlich möchten Sie ja bequem daraus löffeln. Was das Material angeht, gelten für die Trinkbehälter dieselben Regeln wie für die Essensboxen. Wichtig ist, ob der Inhalt kalt ist (und bleibt) oder ob er heiß eingefüllt wird bzw. erhitzt werden soll. Glas ist die hygienischste und gesündeste Lösung für Trinkbares. Glasflaschen brauchen allerdings einen Stoßschutz, und der ist bei vielen Glas-Trinkflaschen inzwischen inbegriffen.

Jetzt müssen Sie sich nur noch überlegen, ob Sie sich eventuell einen Thermo-Behälter für heiße Getränke bzw. Suppen anschaffen. Das ist im Winter und wenn es im Büro keine Aufwärmmöglichkeit gibt, tatsächlich sehr komfortabel. Auch hier gibt es eine Vielfalt an Transportbehältern, die meisten Behälter sind aus doppelwandigem Edelstahl mit Vakuumschicht als Isolation – eine sehr hygienische, lange wärmespeichernde und heute in vielen modernen Designs umgesetzte Verpackungslösung.

Wagen Sie einen Ausflug in die bunte Welt der To-go-Boxen und -Bottles und finden Sie Ihre persönlichen Verpackungsbegleiter für Ihre Täglich-wieder-Büro-Menüs.

Low-Carb-Stolperfallen

Auch wenn Sie nun gut gerüstet sind für Ihren Low-Carb-Arbeitsalltag, wird es doch immer wieder Situationen geben, in denen Sie aus Ihrer gewählten Ernährungsweise herausgedrängt werden. Hier ein paar Anregungen, wie sie damit umgehen könnten:

- Sie besuchen während der Arbeitszeit das Café nebenan oder die Cafeteria im Haus, etwa für eine Besprechung mit Kollegen. Und jedesmal liegt da der Keks auf der Untertasse Ihres Cappuccinos, der – einmal weggeknabbert – dann auch noch Gelüste auf einen Muffin aus der Auslage macht. Sagen Sie einfach schon vorher Bescheid, dass Sie den Kaffee ohne süße Begleitung haben möchten. Aufmerksames Personal wird Ihnen den Kaffee bald unaufgefordert so servieren.
- Es gibt bei Ihnen im Büro ein Glas mit Süßigkeiten, aus dem sich alle bedienen können? Regen Sie an, dass darin beispielsweise auch Mini-Portionspackungen mit Erdnüssen liegen, die gibt es im Großmarkt. Oder Sie schlagen vor, dass sich zu dem Süßigkeitenglas noch ein zweites gesellt, mit einer Nussmischung darin (ohne Trockenfrüchte). Darin steckt ein Löffel zum Portionieren und daneben steht ein Stapel kleiner (!) Schüsseln. So kann sich jeder seine Nussportion selbst abfüllen und an den Schreibtisch mitnehmen. Die Schüsseln sollten wirklich klein sein, sodass nur etwa die Menge von 25 Gramm hineingeht.
- Happy Birthday! Es ist bei Ihnen üblich, dass Geburtstagskinder Kuchen mitbringen? Das ist eine schöne Geste, gönnen Sie sich daher ruhig auch ein Stück vom selbstgebackenen Kuchen, den die Kollegin mitgebracht hat. Wenn Sie selbst an der Reihe sind, können Sie ja mit Quarkmuffins oder einem Käsekuchen aufwarten.

Low-Carb-Kantinenessen

Zum Glück sind inzwischen die meisten Kantinen Selbstbedienungstheken in Kombination mit Servicestationen, an denen man dem Personal seine individuellen Wünsche mitteilen kann. Beispielsweise, dass man das Hauptgericht gerne ohne die stärkereiche Beilage hätte, also ohne Nudeln, Reis, Kartoffeln, Klöße. Wählen Sie stattdessen beim Salatbuffet zusätzlich zu den wasserreichen Gemüsen auch Salat von Bohnenkernen oder Linsensalat, die liefern eine kleine Portion gute, langsame Kohlenhydrate. Garnieren Sie den Salat mit Nüssen oder ergänzen Sie Geflügelfleisch bzw. Thunfisch oder Eier. Und lassen Sie Reis-, Nudel- und Kartoffelsalate selbstverständlich links liegen.

Saucen sind oft Kohlenhydratfallen, sowohl am Salatbuffet als auch an der Heißtheke. Denn sie sind in den allermeisten Fällen industrielle Fertigprodukte, enthalten oft viele Süßungsmittel und Verdickungsmittel. Meiden Sie angedickte Saucen nach Möglichkeit und greifen Sie für Ihr Dressing lieber zu Essig und Öl und mischen Sie selbst.

Low-Carb-Geschäftsessen

Bereiten Sie sich nicht nur inhaltlich auf solche Treffen vor, sondern auch das Essen betreffend. Überlegen Sie bereits im Voraus, welche Low-Carb-Wahlmöglichkeiten Ihnen bei dieser formellen Mahlzeit zur Verfügung stehen (könnten).

Vielleicht gibt es in dem gewählten Restaurant Fischgerichte mit Gemüse, da ist dann das eine oder andere Kartöffelchen auch kein Unfall. Oder Sie suchen ein Fleischgericht aus und bestellen statt der stärkehaltigen Beilage einen Salat dazu. Machen Sie Ihre Essensbestellung jedoch keinesfalls zur einem Happening, sonst werden Sie schnell als schwierig und eigen wahrgenommen. Und das ist bestimmt nicht in Ihrem Sinne, die Inhalte des Geschäftsessens betreffend. Bestellen Sie daher Ihr Gericht in wenigen, souveränen Worten, und niemand wird darauf unnötige Aufmerksamkeit verwenden. Es gibt inzwischen so viele verschiedene Gründe, aus denen Menschen im Restaurant Kleinigkeiten umbestellen …

Low-Carb auch im Job – trotzdem nehme ich zu

Das ist wirklich eine sehr unbefriedigende Situation. Sie haben sich gut vorbereitet auf das Leben im Büro, das nicht nur aus Arbeiten besteht, sondern in dem auch dann und wann gegessen werden muss und soll. Und Sie schaffen das auch super in der Low-Carb-Version. Und trotzdem nehmen Sie eher zu als ab? – Das ist sehr frustrierend.

Wahrscheinlich liegt der Grund gar nicht in Ihrer Ernährungsweise,

sondern darin, dass Sie schon längere Zeit unter Dauerstress leiden, den Sie als belastend empfinden. Die Wissenschaft hat längst belegt, dass sich die hormonelle Situation unter als negativ empfundenem und langanhaltendem Stress – oft auch in Kombination mit Schlafstörungen und Schlafmangel – ändert. Und zwar so, dass Nährstoffe vermehrt eingelagert statt freigesetzt werden. Obwohl man nicht anders isst als zuvor, als die Situation noch entspannter war. Die unausweichliche Folge: Fettpolster wachsen, das Gewicht steigt.

Einzig mögliche Abhilfe: Versuchen Sie die belastenden Situationen bzw. Konstellationen zu identifizieren, ggf. auch mit professioneller

Hilfe. Die kann Ihnen auch bei der Analyse der Situation helfen und Sie letztendlich wieder in die Lage bringen, in der Sie wieder bei sich selbst sind und mit Ihrer Low-Carb-Ernährung ihr Wohlfühl-Gewicht problemlos halten können.

Hinweise zu den Rezepten

Die in diesem Buch vorgestellten Gerichte sind in der großen Mehrzahl sehr streng kohlenhydratarm. Wenn Sie einen eher gemäßigten Low-Carb-Stil pflegen, können Sie daher ohne Weiteres kleine Mengen an stärkehaltigen Beilagen dazu essen – Getreideprodukte idealerweise in der Vollkorn-Version. Also zum Beispiel Vollkornreis, Vollkorngetreide, Produkte aus Vollkorngetreide. Bitte berücksichtigen Sie, dass mit einer solchen Ergänzung die Rezepte in diesem Buch dann ein bis zwei Portionen mehr ergeben.

Zum Süßen bzw. Abschmecken einiger Gerichte kommt hier Erythrit zum Einsatz. Es ist erst wenige Jahre auf dem Markt und überzeugt uns vom Geschmack her und von der Art der Anwendung als Low-Carb-Austausch für gewöhnlichen Haushaltszucker sehr. Es hat eine etwas geringere Süßkraft als Zucker und keine Insulinwirkung.

Vor diesem Hintergrund scheint der Balsamicoessig, den wir in einigen Salaten verwenden, eine kohlenhydrathaltige Inkonsequenz zu sein. Was den Zuckergehalt (enthalten im verwendeten Traubenmost) angeht, stimmt das tatsächlich. Doch die Gerichte profitieren so sehr von dem Aroma eines guten Aceto balsamico, dass wir die geringen Mengen an Kohlenhydraten, die mit diesem besonderen Essig zugefügt werden, gerne tolerieren. Achten Sie beim Kauf aber auf die Zutatenliste: Aceto balsamico sollte möglichst nur aus Weinessig und Traubenmost zubereitet sein. Wir haben uns bei der Wahl unseres Aceto balsamico bewusst gegen das Original entschieden, das nur unter der Bezeichnung »Aceto balsamico tradizionale« verkauft werden darf. Dieser muss mindestens 12 Jahre reifen und wird daher mit ca. 50 Euro pro 100 ml gehandelt. Daher haben wir einen einfachen Aceto balsamico, allerdings ohne Zusatz von färbenden Zutaten oder Konservierungsstoffen, gewählt.

Sollten Sie von dem einen oder anderen der Rezepte einmal nicht satt werden, scheuen Sie sich nicht, noch etwas dazu zu essen. Je nach Rezept und Stoffwechseltyp kann das z. B. Low-Carb-Brot/Brötchen sein oder etwas Vollkornknäckebrot. Oder auch – wenn es kohlenhydratärmer sein soll – etwas Käse, eine Handvoll Nüsse, einige Oliven, in Öl eingelegte Tomaten oder ein Nussquark als Nachspeise.

Wichtig ist bei Low Carb: Essen Sie sich satt mit Low-Carb-Zutaten, mit Low-Carb-Speisen. Essen ist immer individuell, daher versuchen wir, mit unseren Rezepten breitgefächerte Anregungen zu geben. Experimentierfreudige werden genauso ihre Lieblingsrezepte finden wie eher an klassischen Gerichten und Zutaten orientierte Low-Carbler. Die Rezepte in diesem Buch sind in den meisten Fällen für zwei Personen, allerdings sollten Sie sich dabei in jedem Fall auch auf Ihr Bauchgefühl verlassen, denn wir essen alle verschieden viel. Diese Spüraufgabe stellt sich bei jeder Mahlzeit wieder, auch bei Gerichten, die Sie bereits gekocht haben und kennen. Denn kein Tag ist wie der andere, daher werden Sie immer wieder neu von immer wieder unterschiedlichen Mengen an Essen gut gesättigt sein. Ein Grund mehr für die Low-Carb-Snacks (Seite 17), die Sie im Büro vorrätig haben sollten – zum Nachsnacken, wenn das mitgebrachte Essen einfach ein bisschen zu wenig war.

Low Carb im Job – so schmeckt's

Leckere Low-Carb-Alltagsgerichte für den ganzen Tag. Ein Augen- und Gaumenschmaus und unkompliziert zubereitet. Der Clou: bei vielen Rezepten wird einmal gekocht und zweimal gegessen – ideal für alle Berufstätigen.

In diesem Kapitel finden Sie tolle Anregungen für einen kohlenhydratarmen Start in den Arbeitstag. Es gibt Löffelbares, Trinkbares und Brotzeiten, Süßes, aber auch Herzhaftes, Kaltes und Warmes. Lassen Sie sich von unseren Rezepten zu eigenen Kreationen inspirieren. Beeren sind ein wunderbares Frühstücksobst. Nussmüsli bringt knusprige Energie für einen ganzen Vormittag. Wer auf Smoothies steht, kann sich nach und nach quer durch den Gemüse- und Kräutergarten mixen. Wenn Sie möchten, können Sie die Smoothies mit Milchprodukten Ihrer Wahl aufpeppen. Auch der ein oder andere Esslöffel aromatisches Öl, z.B. Walnuss- oder auch Leinöl, sorgt für leckere Geschmacksvarianten. Unser Möhrenbrot schmeckt schon pur lecker, aber auch mit gesalzener Butter oder mit einem der hier vorgestellten Brotaufstriche. Und wem es gerade nicht nach Selbermachen ist, der findet inzwischen im Drogeriemarkt, im Supermarkt, ja sogar beim Discounter eine Auswahl an kohlenhydratarmen Aufstrichen.

◄▸ Beerenstarker Quark (Seite 29)

Möhren-Tomaten-Smoothie

KH pro Person 13 g

Für 2 Portionen
⊘ 10 Min.

300 g Möhren • 4 Tomaten • 2 EL Walnusskerne • 1 haselnussgroßes Stück Ingwer • 1 EL Zitronensaft • 1 EL Walnussöl oder Rapsöl

● Möhren waschen, putzen, in grobe Stücke schneiden und in den Hochleistungsmixer geben. Tomaten waschen, vierteln, den Stielansatz entfernen und zu den Möhren geben.

● Walnusskerne grob hacken und dazugeben. Ingwer schälen grob schneiden und ebenfalls in den Mixer geben.

● 125 ml Wasser, Zitronensaft und das Öl hinzufügen und das Ganze mixen, bis ein schaumiger, homogener Smoothie entstanden ist.

Brennnessel-Frucht-Smoothie

KH pro Person 25 g

Für 2 Portionen
⊘ 8 Min.

50 g Brennnesselspitzen (selbst gepflückt) • 3 Kiwis • 2 reife Bananen

● Brennnesselblätter vom Stiel zupfen bzw. die zarten obersten Spitzen ganz lassen. Waschen und in den Hochleistungsmixer geben.

● Kiwis schälen, halbieren, Stielansatz entfernen und die Hälften in grobe Stücke schneiden. Bananen schälen und in grobe Stücke schneiden.

● Das Obst zu den Brennnesseln geben und 150 ml Wasser hinzufügen. Mixen, bis es ein leicht schaumiger, homogener Smoothie entstanden ist.

Tipp Die Brennnesseln abseits von Straßen und am besten mit Handschuhen pflücken. Die zarten oberen Blätter schmecken am besten. Brennnesseln brennen nicht mehr, sobald sie verarbeitet wurden oder in kochendes Wasser gekommen sind.

Früchtequark mit Walnüssen

KH pro Person 23 g

Für 2 Portionen
⊘ 15 Min.

50 g Walnusskerne • ½ säuerlicher Apfel • 200 g Galia-Melone • 150 g Sahnequark • 30 g milder Ziegenfrischkäse • 2 EL Kokosmilch • 3 EL Zitronensaft • 2–3 EL Erythrit

● Walnüsse klein hacken und in einer Pfanne ohne Fett anrösten, bis sie duften. Sofort aus der Pfanne nehmen.

● Apfel schälen, Kernhaus entfernen und den Apfel klein schneiden. Melonenfruchtfleisch von der Schale ablösen und in kleine Stücke schneiden.

● Sahnequark mit Ziegenfrischkäse vermischen. Kokosmilch, Zitronensaft und Erythrit dazugeben. Rühren, bis das Erythrit aufgelöst ist.

● Die gerösteten Walnüsse und alle Obststückchen untermischen.

Beerenstarker Quark

KH pro Person 13 g

Für 2 Portionen
⊘ 10 Min.

125 g Himbeeren • 125 g Blaubeeren • 200 g Frischkäse (Doppelrahmstufe) • 250 g Quark (20 % Fett) • 2 EL Zitronensaft • Erythrit

● Himbeeren kurz in stehendes Wasser legen, vorsichtig waschen. In einem Sieb abtropfen lassen und zur Seite stellen.

● Blaubeeren waschen, in einem Sieb abtropfen lassen und getrennt von den Himbeeren ebenfalls zur Seite stellen.

● Frischkäse und Sahnequark mit dem Zitronensaft gut verrühren und mit etwas Erythrit nach Geschmack süßen.

● Die vorbereiteten Zutaten in zwei Portions-Glasschüsseln schichten: z. B. unten etwas Quark, darauf eine Lage Blaubeeren, wieder Quark, darauf eine Lage Himbeeren, bis die Zutaten verbraucht sind.

Tipp Erythrit schmeckt zuckersüß, hat aber eine etwas geringere Süßkraft als Haushaltszucker.

Herzhafter Paprikaquark

KH pro Person 5 g

Für 2 Portionen
⊘ 15 Min.

½ gelbe Paprikaschote • 1 kleine Frühlingszwiebel • 125 g Sahnequark • 2 EL Olivenöl • 75 g Doppelrahm-Frischkäse • edelsüßes Paprikapulver • Cayennepfeffer • Kräutersalz

● Paprika waschen, putzen und sehr klein würfeln. Frühlingszwiebel waschen, dunkelgrüne Blätter entfernen, die Stange in feine Scheiben bzw. Ringe schneiden.

● Quark, Olivenöl und Frischkäse gut mischen, mit Paprikapulver und Cayennepfeffer scharf würzen und mit Kräutersalz abschmecken.

● Frühlingszwiebelringe und Paprikastückchen unterrühren und obendrauf etwas Paprikapulver streuen.

Das passt dazu Low-Carb-Brot oder Knäckebrot

Avocado-Apfel-Aufstrich

KH pro Person 14 g

Für 2 Portionen
⊘ 10 Min.

1 säuerlicher Apfel • 1 Avocado • 1 TL geriebener Meerrettich • 1 TL Feigensenf • 1 EL Leinöl • 1 TL Zitronensaft • Kräutersalz • Cayennepfeffer

● Apfel waschen, vierteln, Kernhaus entfernen und den Apfel in grobe Stücke schneiden. Avocado halbieren, Kern entnehmen und das Avocadofruchtfleisch von der Schale lösen.

● Apfel und Avocado in einem hohen Rührbecher mit dem Pürierstab pürieren.

● Meerrettich, Feigensenf, Leinöl und Zitronensaft unterrühren und den Aufstrich mit Kräutersalz und Cayennepfeffer abschmecken.

Das passt dazu selbst gebackenes Möhren-Hefebrot (Seite 34)

Avocado-Lauch-Aufstrich

KH pro Person 27 g

Für 2 Portionen
⏱ 5 Min.

1 kleine Frühlingszwiebel •
1 Avocado • 75 g Doppelrahm-Frischkäse • 1 EL Olivenöl • Cayennepfeffer • Salz • 200 g Cocktailtomaten •
4 Scheiben Low-Carb-Brot

● Frühlingszwiebel waschen, dun-
kelgrüne Blätter entfernen, die
Stange in feine Scheiben bzw.
Ringe schneiden.

● Avocado halbieren, Kern ent-
fernen, mit einem Esslöffel das
Fruchtfleisch von der Schale lösen.
Das Avocadofruchtfleisch mit einer
Gabel zerdrücken, dabei Frischkäse
und Olivenöl zufügen.

● Frühlingszwiebelringe unterrühren, den Aufstrich mit Cayennepfeffer und Salz abschmecken.

● Cocktailtomaten waschen und
abtrocknen. Den Aufstrich mit den
Tomaten und Low-Carb-Brot servieren.

Preiselbeer-Tofu

KH pro Person 31 g

Für 2 Portionen
⏱ 10 Min.

20 g Pinienkerne • 30 g Walnusskerne • 150 g fester Tofu • 40 g
Sahne • 6 Minzeblätter • 4 EL Preiselbeeren (Glas) • etwas Erythrit •
6 Scheiben dünnes Roggenvoll-
kornknäckebrot (z. B. Finn Crisp)

● Walnuss- und Pinienkerne in einer Pfanne ohne Öl rösten, bis sie
angenehm duften und die Pinienkerne beginnen zu bräunen. Sofort
aus der Pfanne nehmen. 2 Minzeblätter in feine Streifen schneiden.

● Tofu etwas zerkleinern und zusammen mit der Sahne, den gerösteten Nusskernen sowie den 4 ganzen Minzeblättern in einen hohen
Rührbecher geben. 2 EL Preiselbeeren dazugeben und mit dem Pürierstab alles zerkleinern. Die restlichen Preiselbeeren einrühren.

● Die Masse mit Erythrit nach Geschmack süßen und – mit Minze
garniert – auf dem Knäckebrot genießen.

Tipp Preiselbeer-Tofu kann gut
am Vorabend vorbereitet werden.
Schmeckt auch als Kaltschale als
Nachtisch oder Zwischenmahlzeit.

Puten-Avocado-Aufstrich

KH pro Person 3 g

Für 2 Portionen
⏱ 25 Min.

Salz • 100 g Putenbrust • 1 Avocado •
1 TL Olivenöl • weißer Pfeffer

● In einem kleinen Topf 1 cm hoch
Salzwasser zum Kochen bringen.
Das Putenfleisch kurz kalt abwa-
schen, dann im Salzwasser zugedeckt etwa 15 Min. mehr dämpfen
als kochen.

● Das Fleisch aus dem Topf nehmen, in Stücke schneiden. Die
Avocado halbieren, Kern entfernen und das Fruchtfleisch aus der
Schale lösen.

● Avocadofruchtfleisch und Putenbrust in einem hohen Rührbecher
mit dem Pürierstab zu Mus verarbeiten.

● Das Olivenöl unterrühren und
den Aufstrich mit Salz und Pfeffer
abschmecken.

Tipp Der Aufstrich passt gut zu
den pikanten Pfannkuchen (Seite
70), dnn natürlich ohne Belag.

❯❯ Avocado-Lauch-Aufstrich

Schnittlauch-quark im Glas

KH pro Person 7 g

Für 2 Portionen
⊘ 20 Min.

80 g Radieschen • 1 Bd. Schnitt-lauch • 2 Eier • 150 g Quark • 150 g Schmand • 1 EL Olivenöl • Kräuter-salz

● Radieschen waschen, putzen und in dünne Scheiben schnei-den. Schnittlauch waschen, trocken tupfen und in Röllchen schneiden.

● Die Eier nach Wunsch in 5–10 Min. weich, wachsweich oder hart kochen. Sie werden zum Schnittlauchquark serviert.

● Während die Eier kochen, Quark mit Schmand und Olivenöl verrüh-ren, mit Kräutersalz abschmecken.

● Den Quark entweder in zwei Trinkgläser oder in eine Glasschüs-sel schichten: Mehrmals abwech-selnd eine Schicht Quark und eine Schicht Schnittlauch hineingeben, zuletzt eine Schicht Radieschen. Diese etwas salzen. Mit den ge-kochten Eiern servieren.

Das passt dazu Eiweißbrot oder dünnes Knäckebrot

◀ Gefüllte Fladenröllchen

Tomaten-Basili-kum-Creme

KH pro Person 9 g

Für 2 Portionen
⊘ 15 Min.

1 kleine Tomate (80 g) • 150 g fester Tofu • 3–4 gefüllte Mini-Pepperballs (gefüllte Minipeperoni aus dem Glas, in Öl eingelegt) • 1 EL Öl aus dem Glas mit den Minipeperoni • 1 Handvoll Basilikumblätter • 2 EL Tomatenmark • 2 EL Paprikamark • Kräutersalz • 4 Scheiben selbst ge-backenes Brot, z. B. Möhren-Brot (Seite 34)

● Tomate waschen, halbieren und ohne den Stielansatz grob stückeln. Tofu etwas zerkleinern.

● Mit 3–4 Pepperballs, je nachdem wie scharf die Creme werden soll, samt 1 EL Öl aus dem Glas in einen Rührbecher geben.

● Basilikum waschen und die Hälfte dazugeben, die andere Hälfte fein schneiden und zur Seite stellen. Alle Zutaten im Rührbecher mit dem Pürierstab pürieren.

● Tomatenmark, Paprikamark und die ganzen Basilikumblätter mit einem Esslöffel unterrühren. Die Creme mit Kräutersalz abschme-cken und zu Brot servieren.

Gefüllte Fladen-röllchen

KH pro Person 25 g

Für 4 Portionen
⊘ 15 Min.

4 Eier • 250 g Rucola • 125 g Bio-Brot-aufstrich »Kräuter-Tomate« • 3 EL Oli-venöl • 1 EL Zitronensaft • Pfeffer • 150 g Feta mit Kräutern am Stück • 4 arabische Fladenbrote (20 cm ⌀)

● Die Eier 8 Min. kochen. Back-ofen auf 180 °C vorheizen. Rucola waschen, trocken schütteln und in mundgerechte Stücke schneiden.

● Brotaufstrich und Olivenöl mit Zitronensaft vermischen und mit Pfeffer würzen. Rucola untermi-schen. Zwei Drittel vom Schafskäse fein reiben, den Rest grob zerkrü-meln und beides untermischen.

● Die Eier abschrecken, pellen, grob würfeln und noch warm un-termischen. Ideal ist es, wenn das Eigelb noch ganz leicht weich ist.

● Fladenbrote 5 Min. in den vorge-heizten Backofen geben.

● Die Rucola-Eier-Füllung gleich-mäßig auf den Fladen verteilen, die Fladen locker aufrollen oder wie ein Omelett zusammenschlagen und sofort servieren.

Möhren-Hefebrot mit Käse

KH pro Person 6 g

Für 1 Brot
⏱ 15 Min. + 2 Std. Gehzeit + 50 Min. Backzeit

Für das Brot
200 g Möhren • 100 g Haselnussmehl • 10 g Flohsamen-schalen • 10 g Haferkleie • ½ Päckchen Trockenhefe • etwas Salz • Brotgewürz • 1 TL Erythrit • 2 Eier

Außerdem
60 g Butter • 4 Scheiben Emmentaler (je 30 g, oder anderer Schnittkäse)

● Möhren schälen, putzen und in der Küchenmaschine fein raspeln. Haselnussmehl, Flohsamenschalen, Haferkleie und Trockenhefe mit Salz, Brotgewürz und Erythrit in einer Schüssel gut vermischen.

● Eier, geraspelte Möhren sowie 125 ml warmes Wasser dazugeben und alles mit den Händen verkneten. Die Schüssel mit einem sauberen Leinentuch bedecken und 2 Std. stehen lassen.

● Den Backofen auf 200 °C vorheizen. 1 Tasse heißes Wasser mit in den Ofen stellen. Den Teig zu einem länglichen Brotlaib formen und mit etwas warmem Wasser bestreichen.

● Ein Blech mit Backpapier auslegen, den Brotlaib darauflegen, in den heißen Ofen (Mitte) schieben und etwa 10 Min. backen. Dann die Hitze auf 180 °C reduzieren und das Brot in ca. 40 Min. appetitlich braun backen.

● Das Brot aus dem Ofen nehmen, abkühlen lassen, 4 Scheiben abschneiden, diese mit Butter bestreichen und mit Käse belegen.

Rührei auf Tofuschnitte

KH pro Person 5 g

Für 2 Portionen
⏱ 15 Min.

1 Bd. Schnittlauch • 200 g fester Tofu • 2 EL Öl • 4 gefüllte Mini-Pepperballs in Öl (Glas) • 4 Eier • Salz • weißer Pfeffer • edelsüßes Paprikapulver • 8 Scheiben Bacon • 1 EL Butterschmalz

● Schnittlauch waschen, trocken tupfen und in feine Röllchen schneiden. Tofu 3-mal quer durchschneiden, sodass 4 dünne Scheiben entstehen.

● Das Öl erhitzen und die Tofuscheiben darin bei mittlerer Hitze von beiden Seiten goldgelb braten.

● Pepperballs halbieren, mit den Eiern, etwas Salz, Pfeffer und Paprikagewürz in einem hohen Rührbecher mit dem Pürierstab mixen und anschließend die Hälfte der Schnittlauchröllchen einrühren.

● Die gebratenen Tofuscheiben aus der Pfanne nehmen. Den Bacon leicht anbraten. Sobald er anfängt, sich zu wellen und zusammenzuziehen, aus der Pfanne nehmen.

● Das Butterschmalz in der Pfanne erhitzen und die Eimasse darin unter regelmäßigem Schaben zum Rührei verarbeiten.

● Auf 2 Tofuscheiben je 2 Baconscheiben legen, darauf je 1 Tofuscheibe und erneut eine Lage von 2 Baconscheiben. Rührei daraufgeben und mit den restlichen Schnittlauchröllchen bestreuen.

❯❯ Rührei auf Tofuschnitte

KLEINE GERICHTE
ZUM MITNEHMEN

Es gibt ja sooo vieles Leckeres »to go«! Lassen Sie sich von unserer Auswahl verlocken und erfinden Sie eigene Varianten. In diesem Mitnehm-Kapitel finden Sie Salate mit Sommer- und Wintergemüse. Dank der noch vor einigen Jahren hierzulande völlig unbekannten asiatischen Konjak-Nudeln gibt es nun auch Low-Carb-Nudelsalate. Ebenfalls mit im Mitnehm-Korb: Avocado – die beste Low-Carb-Frucht ever. Als Büroessen präsentiert sie sich hier mit einer pikanten Olivencreme. Fleisch- und Fischliebhaber finden in diesem Kapitel Frikadellen und Matjes zum Eintuppern. Und zu guter Letzt gibt es noch zwei Suppenrezepte als Anregung für jede Menge weitere schnelle Suppen.

Eine Rindfleischbrühe als Basis für Suppenkreationen aller Art können Sie gut auf Vorrat kochen: Dazu benötigen Sie lediglich 1 Rinderbeinscheibe, 1 Zwiebel, 1 Bund Suppengrün, 2,5 l Wasser, ein paar Suppengewürze (Liebstöckel, Lorbeerblatt, Pfefferkörner, Wacholder, Nelken) und ca. 2 Std. Zeit fürs Köchelnlassen. Lohnt sich absolut!

◂ Tomaten-Oliven-Salat (Seite 38)

Romana-Salat mit Radieschen

KH pro Person 7 g

Für 2 Portionen
⊘ 20 Min.

2 kl. Romana-Salat-Herzen • 2 Tomaten • 1 Bd. Radieschen • 1 Bd. Petersilie • 1 Bd. Schnittlauch • 3 EL Zitronensaft • 6 EL Olivenöl • Salz • Pfeffer

● Salatherzen putzen, waschen, Wasser abschütteln und als Ganzes in feine Streifen schneiden, Strunk dabei entfernen. Tomaten waschen, trocknen und ohne die Stielansätze klein würfeln. Von den Radieschen das Grün und die Wurzeln entfernen. Radieschen waschen, trocknen und in feine Scheiben schneiden. Alles in eine Salatschüssel geben.

● Petersilie waschen, trocken schütteln und die Blätter fein wiegen. Schnittlauch waschen, trocken tupfen und in feine Röllchen schneiden.

● Die Hälfte der Petersilie und den gesamten Schnittlauch in die Schüssel zum Salat geben. Zitronensaft und Olivenöl dazugeben und mit Salz und Pfeffer würzen. Alles gut vermischen und abschmecken.

Tomaten-Oliven-Salat

KH pro Person 7 g

Für 2 Portionen
⊘ 20 Min.

250 g Cocktailtomaten • 5 große schwarze entsteinte Oliven • 5 große grüne entsteinte Oliven • ½ Kopf Paksoi (auch Pak Choi) • 3 Scheiben Bergkäse (90 g) • 1–2 EL Zitronensaft • 3 EL Olivenöl • Pfeffer • Salz

● Tomaten waschen und halbieren. Oliven vierteln. Paksoi in die einzelnen Blätter zerteilen, waschen, quer in sehr feine Streifen schneiden und noch mal beliebig oft kleiner schneiden.

● Die vorbereiteten Zutaten in eine Schüssel geben und mischen. Käsescheiben sehr klein würfeln und dazugeben.

● Zitronensaft und Olivenöl hinzufügen, den Salat nochmals mischen und mit Pfeffer und etwas Salz abschmecken.

Das passt dazu Frikadellen (Seite 43) (dann den Bergkäse im Salat weglassen)

Gurkensalat mit Hüttenkäse

KH pro Person 7 g

Für 2 Personen
⊘ 10 Min.

1 Salatgurke (400 g) • 200 g Hüttenkäse • 2 EL Sahne • 2 EL Distelöl (oder Rapsöl) • 1 EL Zitronensaft • 1 Bd. Dill • Salz • weißer Pfeffer

● Gurke schälen, Enden abschneiden. Gurke in Scheiben hobeln und in eine Schüssel geben.

● Hüttenkäse, Sahne, Öl und Zitronensaft untermischen.

● Dill waschen, trocken schütteln, Blättchen abzupfen und fein wiegen. Zum Salat geben und mit Salz und Pfeffer abschmecken.

Zum Mitnehmen Füllen Sie alle Dressing-Zutaten bereits gemischt ab und verpacken Sie die Gurke – evtl. bereits in Scheiben gehobelt – separat.

Das passt dazu Nordseekrabben, Garnelen, zerzupfter Räucherfisch oder gewürfelter Räuchertofu.

Rettichsalat

KH pro Person 14 g

Für 2 Portionen
⊘ 25 Min.

4 Eier • 5 Radieschen • 1 kleiner weißer Rettich • 1 Bd. Petersilie • 2 EL Schmand • 2 EL Rapsöl • 1 EL Zitronensaft • Salz • 3 EL Sonnenblumenkerne

● Eier in 10 Min. hart kochen. Radieschen waschen, putzen, trocken reiben, in dünne Scheiben schneiden und beiseitelegen. Rettich waschen, putzen und mit dem Sparschäler längs in feine Streifen schneiden. In eine Schüssel geben.

● Petersilie waschen, trocken schütteln, Blättchen abzupfen und fein wiegen. Schmand, Öl, Zitronensaft und Petersilie gut vermischen und kräftig salzen. Die Sauce mit dem Rettich mischen.

● Sonnenblumenkerne in einer Pfanne ohne Fett unter häufigem Wenden rösten, bis sie anfangen zu duften und goldbraun werden. Sofort zum Salat geben.

● Die gekochten Eier abschrecken, pellen und längs vierteln oder sechsteln. Vorsichtig unter den Salat heben. Die Radieschenscheiben auf dem Salat verteilen.

Möhren-Rotkohl-Salat

KH pro Person 26 g

Für 2 Portionen
⊘ 20 Min.

200 g Schmand • 2 EL Sahne • 1 EL Leinöl • 2 EL Zitronensaft • 500 g Rotkohl • 500 g Möhren • 3 EL Hanfsamen • Salz • Pfeffer

● In einer Salatschüssel Schmand, Sahne, Leinöl und Zitronensaft vermischen.

● Rotkohl waschen und sehr fein schneiden. Möhren schälen, Enden abschneiden und die Möhren fein raspeln.

● Beides mit der Salatsauce vermengen. Hanfsamen darüberstreuen. Den Salat mit Salz und Pfeffer abschmecken.

Zum Mitnehmen können Sie den Salat am Abend vorher zubereiten. Nur die Hanfsamen sollten Sie separat verpacken. Sie passen übrigens mit ihrem angenehm nussigen Geschmack zu vielen Rohkostgerichten.

Romanasalat mit Lammkoteletts

KH pro Person 4 g

Für 2 Portionen
⊘ 20 Min.

1 Knoblauchzehe • 6 Mini-Lammkoteletts (300 g) • 2 EL Olivenöl • 200 g Romanasalatblätter • 100 g Feta • 1 EL Schmand • 1 EL Balsamicoessig • weißer Pfeffer • Salz • getr. Thymian

● Knoblauchzehe abziehen und klein schneiden.

● Lammkoteletts kurz kalt abbrausen, mit Küchenpapier trocken tupfen. 1 EL Olivenöl in einer Pfanne erhitzen und die Lammkoteletts darin von beiden Seiten braun braten (ca. 15 Min.)

● Salat waschen und abtropfen lassen. Die Blätter quer in breite Streifen schneiden und in eine Schüssel geben. Feta in kleine Würfel schneiden und dazugeben.

● Schmand, 1 EL Olivenöl und Balsamico miteinander verrühren, mit reichlich weißem Pfeffer würzen und unter den Salat mischen. Mit Salz abschmecken.

● Die Koteletts mit Salz und Pfeffer von beiden Seiten und von einer mit Thymian würzen. Mit dem Salat servieren.

Nudelsalat mit Chinakohl

KH pro Person 7 g

Für 2 Portionen
⏱ 15 Min.

200 g Konjaknudeln (asiatische No-Carb-Nudeln) • 400 g Chinakohl-blätter • 200 g Feta-Käse (in Lake) • 75 g Feldsalat • 2 EL Sojasauce • 1 EL Worcestersauce • 1 EL Zitronensaft • 1 EL passierte Tomaten • Salz • weißer Pfeffer

● Konjaknudeln in einem Sieb abspülen. Chinakohl waschen, putzen und in feine Streifen schneiden.

● Wasser (ca. ½ cm hoch) aufkochen, Chinakohl dazugeben und zugedeckt ca. 1 Min. dünsten.

● Konjaknudeln hinzufügen und ca. 2 Min. weiterkochen lassen. Der Chinakohl sollte nun etwas weicher geworden sein. Alles in ein Sieb abtropfen lassen und anschließend in eine Schüssel geben.

● Käse fein würfeln und unter den Salat mischen. Feldsalat waschen, verlesen, abtropfen lassen, putzen und in die Schüssel geben.

● Sojasauce, Worcestersauce, Zitronensaft und passierte Tomaten unter den Salat mischen. Mit Salz und Pfeffer würzen.

Rohkostsalat

KH pro Person 28 g

Für 2 Portionen
⏱ 20 Min.

400 g Möhren • 300 g Rettich • 300 g Zucchini • 60 g Sonnenblumen-kerne • 250 g Schmand • 2 EL Zitro-nensaft • Salz

● Möhren schälen, die Enden abschneiden. Rettich waschen und putzen. Zucchini waschen und Enden abschneiden. Alle drei Gemüsesorten fein raspeln und in eine Schüssel geben.

● Sonnenblumenkerne in einer Pfanne ohne Fett rösten, bis sie anfangen zu duften und leicht braun werden. Aus der Pfanne nehmen.

● Schmand und Zitronensaft und den größten Teil der gerösteten Sonnenblumenkerne unter den Salat mischen. Mit Salz abschmecken.

● Den Salat mit den restlichen Sonnenblumenkernen servieren.

Zum Mitnehmen Geraspeltes Gemüse mit Zitronensaft vermengen und abpacken. Separat die gerösteten Sonnenblumenkerne und den Schmand verpacken. Den Salat im Büro fertigstellen, mit Salz abschmecken und anrichten.

Paprika-Feta-Salat

KH pro Person 10 g

Für 2 Personen
⏱ 10 Min.

2 gelbe Paprikaschoten • 150 g Feta • 40 g Walnusskerne • 2 EL Olivenöl • Paprikagewürz

● Paprika waschen, trocknen, halbieren, Stiel und Kerne entfernen. Die Paprikahälften nochmals dritteln oder vierteln, die Spalten quer in kurze Streifen schneiden und in eine Schüssel geben.

● Feta würfeln, Walnusskerne grob zerkleinern und dazugeben. Das Olivenöl ebenfalls zufügen, alles gut unterheben und den Salat mit Paprikapulver würzen.

Zum Mitnehmen können Sie den Salat komplett am Vorabend vorbereiten und am nächsten Tag gekühlt, nach Belieben mit einem Low-Carb-Brötchen, genießen.

❯ Rohkostsalat

Nudelsalat mit Paprika und Pute

KH pro Person 19 g

Für 2 Portionen
🕐 25 Min.

2 rote Paprikaschoten • 1 grüne Paprikaschote • 400 g Konjaknudeln (asiatische No-Carb-Nudeln), z. B. in Körnerform • Salz • 2 EL Sonnenblumenkerne • 4 EL Rapsöl • 300 g Putenbrust • 2–3 EL Sojasauce • 1 EL Worcestersauce • weißer Pfeffer • 1 Bund Petersilie

● Paprika waschen, halbieren, Stiel und Kerne entfernen. Die Paprikaschoten sehr klein würfeln und in eine Schüssel geben.

● Konjaknudeln in ein Sieb geben und abspülen. Salzwasser zum Kochen bringen. Nudeln für ca. 2 Min. hineingeben, in einem Sieb kurz abtropfen lassen und zu den Paprika geben.

● Sonnenblumenkerne in einer Pfanne ohne Fett rösten, bis sie anfangen zu duften und eine goldbraune Farbe annehmen. Sofort aus der Pfanne nehmen.

● Öl erhitzen und Putenfleisch darin in ca. 5 Min. bei starker Hitze unter Wenden rundum hellbraun braten. Zum Salat geben. Soja- und Worcestersauce unter den Salat mischen, mit Salz und weißem Pfeffer abschmecken.

● Petersilie waschen, Wasser abschütteln, die Blättchen abzupfen und fein wiegen. Den größeren Teil unter den Salat mischen und einen kleinen Rest auf dem Salat verteilen. Mit den Sonnenblumenkernen garnieren.

◀ Nudelsalat mit Paprika und Pute

Würzige Frikadellen

KH pro Person 3 g

Für 4 Portionen
🕐 20 Min. + 2 × 15 Min. Bratzeit

2 Zwiebeln • 175 g Suçuk (türk. Knoblauchwurst) • 260 g Zucchini • 500 g Hackfleisch (halb und halb) • 1 EL scharfer Senf • Salz • Pfeffer • 2 EL Butterschmalz

● Zwiebeln abziehen, klein schneiden und in eine Schüssel geben. Die Pelle von der Suçuk abziehen und die Wurst sehr klein würfeln. Zu den Zwiebeln geben.

● Zucchini waschen, putzen, trocknen und fein raspeln. Das Wasser mit den Händen ausdrücken und die Zucchiniraspel in die Schüssel geben.

● Hackfleisch und Senf zufügen. Alles gut vermengen und mit Salz und Pfeffer abschmecken.

● 1 EL Butterschmalz in einer großen Pfanne erhitzen. Aus der Hackmasse 16 Frikadellen formen. Die Hälfte der Frikadellen in ca. 15 Min. beidseitig braun braten. Wieder 1 EL Butterschmalz in der Pfanne erhitzen und die zweite Hälfte der Frikadellen ebenfalls braun braten.

Das passt dazu Kohlrabi-Weißkohl-Gemüse (Seite 101) (ohne Fisch) oder Rosen-Blumenkohl-Püree (Seite 98). Sie können die Frikadellen auch gut vorbereiten und dann kalt zum Gurken-Zucchini-Salat (Seite 94) oder auch zum Tomaten-Oliven-Salat (Seite 38) essen.

Tipp Die geraspelte Zucchini macht die Frikadellen locker und ersetzt Semmelbrösel oder eingeweichtes Brötchen. Statt Zucchini können Sie auch Möhre fein raspeln.

Matjessalat

KH pro Person 23 g

Für 2 Portionen
⊘ 20 Min.

500 g Rote Bete (vorgegart, vakuum-verpackt) • 1 kl. Apfel (130 g) • 120 g Matjesfilet (in Öl eingelegt) • 1 Bd. Schnittlauch • ½ Bd. Petersilie • 75 g Schmand • 1 EL passierte Tomaten • 1 EL Zitronensaft • weißer Pfeffer

● Den Saft aus der Rote-Bete-Packung in eine Salatschüssel geben. Rote Bete klein würfeln. Dabei am besten mit Handschuhen arbeiten, denn Rote Bete färbt intensiv.

● Apfel schälen, vierteln, das Kernhaus entfernen und den Apfel klein schneiden. Matjes klein würfeln. Alles in der Schüssel vermischen.

● Schnittlauch und Petersilie waschen und trocken schütteln. Schnittlauch in Röllchen schneiden. Die Petersilienblättchen abzupfen und fein wiegen.

● Petersilie und die Hälfte des Schnittlauchs in die Schüssel geben. Schmand, passierte Tomaten und den Zitronensaft gut untermischen. Mit Pfeffer abschmecken.

Zum Mitnehmen bereiten Sie das Gericht komplett am Vorabend zu.

Avocado mit Olivencreme

KH pro Person 6 g

Für 2 Portionen
⊘ 15 Min.

8 große grüne Oliven, entsteint • 1 große Knoblauchzehe • 2 EL Doppelrahmfrischkäse • 4 EL Zitronensaft • 4 EL Olivenöl • 1 große reife Avocado • Salz • Pfeffer

● Oliven klein hacken. Knoblauchzehe abziehen und sehr fein würfeln. Auf einem tiefen Teller Frischkäse mit Zitronensaft und Olivenöl gut vermischen,

● Avocado längs halbieren und den Kern herausheben. Die entstandenen Höhlungen mit dem Löffel noch etwas vergrößern und das herausgelöste Fruchtfleisch unter die Olivencreme mischen.

● Die Olivenmasse mit Salz und Pfeffer abschmecken.

● So viel von der Olivencreme in die Avodadohälften füllen, dass die Höhlungen ausgefüllt werden. Den Rest der Creme zum Avocadofruchtfleisch servieren.

Zum Mitnehmen Bereiten Sie die Olivencreme bereits am Vorabend zu. Die Avocado im Ganzen mitnehmen.

Radieschen-Quark

KH pro Person 17 g

Für 2 Portionen
⊘ 10 Min.

2 Bd. Radieschen (geputzt ca. 250 g) • 1 rote Paprikaschote • 1 Bd. Schnittlauch • 120 g Sahne • 200 g Magerquark • Salz • weißer Pfeffer • 1 Handvoll Sprossen (z. B. Rote-Bete-Sprossen oder Mungobohnensprossen) • 2 Scheiben Möhrenbrot (Seite 34)

● Radieschen waschen, putzen und in dünne Scheiben schneiden. Paprika waschen, halbieren, Stiel und Samen entfernen und die Paprika klein würfeln. Schnittlauch waschen, trocken schütteln und in feine Röllchen schneiden.

● Sahne steif schlagen. Den Quark gut umrühren und die Sahne unterziehen. Paprikawürfel, Radieschenscheiben und Schnittlauch unterrühren.

● Quark mit Salz und Pfeffer würzen und mit den Sprossen garnieren. Zum Möhrenbrot servieren.

❯❯ Avocado mit Olivencreme

Rote-Bete-Kürbis-Suppe

KH pro Person 23 g

Für 6 Portionen
⊘ 45 Min.

1 Hokkaido-Kürbis (ca. 400 g) • 500 g Möhren • Salz • Ingwerpulver • Chilipulver • 2 Zwiebeln • 1 TL Butterschmalz • 150 g Tomaten • 1 Bd. Petersilie • 500 g vorgegarte Rote Bete (im Vakuumpack) • 200 g Sahne • 400 ml Kokosmilch

● Kürbis waschen, halbieren und die Kerne entfernen. Kürbis mit der Schale in Stücke schneiden und in einen Topf geben. Möhren putzen, schälen, in Scheiben schneiden und zu den Kürbisstücken geben.

● So viel Wasser auffüllen, dass das Gemüse etwa zur Hälfte bedeckt ist, zugedeckt aufkochen. Mit Salz, Ingwer- und Chilipulver würzen. 15 Min. kochen lassen.

● Zwiebeln abziehen, würfeln und in Butterschmalz glasig dünsten. Tomaten waschen und ohne Stielansätze in Stücke schneiden. Tomaten und gedünstete Zwiebeln pürieren.

● Petersilie waschen, trocken schütteln, Blättchen abzupfen und fein wiegen. Die Rote Bete klein schneiden, nach 15 Min. Garzeit zum Kürbis geben und ca. 5 Min. weitergaren. Sahne schlagen.

● Das Gemüse aus dem Topf heben und pürieren. Das Zwiebel-Tomaten-Püree und die Petersilie dazugeben.

● Kokosmilch dazugießen und nach Bedarf Garflüssigkeit aus dem Topf hinzufügen. Alles noch einmal kurz erwärmen und abschmecken. Die Sahne zum Teil unterrühren und zum Teil als Haube auf die portionierte Suppe geben.

Kohlrabi-Kerbel-Suppe

KH pro Person 14 g

Für 2 Portionen
⊘ 40 Min.

300 g Rindfleisch (hohe Rippe) • 500 ml Gemüsebrühe • 3 Kohlrabi • 1 Möhre • 1 Bd. frischer Kerbel (oder 2 TL gerebelter Kerbel) • 3 Frühlingszwiebeln • 2 EL Butterschmalz • 4 TL geriebener Meerrettich (Glas) • 3 EL Sahne • Salz • Pfeffer

● Das Fleisch mit der Gemüsebrühe auf mittlerer Hitze zum Kochen bringen, dann bei kleiner Hitze offen ca. 25 Min. köcheln lassen.

● Kohlrabi und Möhre schälen, putzen und klein würfeln. Kerbel waschen, Blättchen und zarte Stiele fein wiegen.

● Frühlingszwiebeln putzen und ohne das dunkle Blattgrün in Ringe schneiden. In einer Pfanne das Butterschmalz erhitzen und die Frühlingszwiebelringe darin andünsten.

● Nach 25 Min. Kohlrabi- und Möhrenwürfel sowie gedünstete Frühlingszwiebeln zum Fleisch geben. Die Suppe weitere 10–15 Min. köcheln lassen, bis das Fleisch zart und das Gemüse gar ist. Kerbel, Meerrettich und Sahne dazugeben und noch wenige Minuten bei ausgestelltem Herd ziehen lassen.

● Das Fleisch herausnehmen, klein schneiden und wieder in den Topf zurückgeben. Die Suppe mit Salz und Pfeffer abschmecken.

❯❯ Rote-Bete-Kürbis-Suppe

KLEINE GERICHTE
FÜR ZUHAUSE

Einfache Gerichte für jeden Tag haben wir in diesem Kapitel für Sie zusammengestellt. Deftig rustikale Mahlzeiten wie die Blumenkohl-Bratwurst-Kreation oder die in Fladenbrot gewickelten Speckpilze sind ebenso dabei wie elegant-mediterrane Speisen, z. B. die Artischocken mit Dip. Es gibt neben den warmen Gerichten, unter denen vor allem die Suppen erwähnt werden sollen, auch viele kalte, insbesondere Salate. Wir stellen Ihnen hier Rezepte mit Fleisch und Fisch ebenso vor wie vegetarische Speisen: Haben Sie hier besonders ein Augenmerk auf die phantasievollen Kreationen mit Ei.

Sie werden feststellen: Hier geht fast alles – nur eines nicht so gut: das Mitnehmen. Die Gerichte in diesem Kapitel möchten nicht herumtransportiert werden. Manche, weil sie einfach frisch zubereitet am besten schmecken, andere, weil sie sich schlichtweg schlecht transportieren lassen. Lassen Sie sich auch hier wieder auf ungewohnte Kombinationen ein und nehmen Sie die Rezepte als Anregung für eigene Kochideen.

◄ Curryhähnchen mit Konjaknudeln und Paksoi (Seite 51)

Puten-Erdnuss-Suppe

KH pro Person 12 g

Für 2 Portionen
⊘ 20 Min.

340 ml Hühnerbrühe • 100 g gesalzenes Erdnussmus •
1 Glas Bambussprossen in Scheiben (175 g Abtropfgewicht) • 1 Glas Artischockenherzen in Lake (240 g Abtropfgewicht) • 350 g Putenbrust • 3 EL Rapsöl • 2 EL Sojasauce •
1 EL Worcestersauce • 1 EL passierte Tomaten • 1 EL Limet-
ten- oder Zitronensaft • Salz • evtl. Erythrit

● Hühnerbrühe aufkochen, dabei das Erdnussmus einrühren.

● Bambussprossen und Artischockenherzen in ein Sieb
geben, abbrausen, abtropfen lassen und dann zur Suppe
geben. 10–15 Min. kochen.

● Inzwischen Putenfleisch kurz kalt abbrausen, mit Küchenpapier trocken tupfen, in ca. 2 cm große Stücke
schneiden und in einer Pfanne im Öl rundum anbraten.

● Die Suppe mit Sojasauce, Worcestersauce, passierten
Tomaten und Limettensaft abschmecken, evtl. auch mit
Salz. Mit etwas Erythrit abrunden. Die Putenbruststücke
hineingeben und die Suppe servieren.

Variante Eine Blitzsuppe, in die Sie auch noch Gemüse-
reste anderer Gerichte geben können, z. B. Spargel-
köpfe und Lauchblätter von Spargel im Lauchmantel
(Seite 56) oder die Artischockenherzen von den Artischocken (Seite 62).

Fischsuppe

KH pro Person 13 g

Für 2 Portionen
⊘ 30 Min.

300 g Seelachsfilet • Salz • Pfeffer • Zitronensaft • 2 Knoblauchzehen • 1 rote Paprikaschote • 200 g Chicorée • 1 TL
Butterschmalz • 400 ml Krustentierfond • 3 cm Sardellenpaste (Tube) • 1 TL Worcestersauce • 2 EL passierte Tomaten (ca. 40 g) • 120 g kleine Garnelen (gekocht, geschält) •
100 g Flusskrebsschwänze (gekocht, geschält) • Korianderpulver • Nelkenpulver

● Fischfilet kalt abbrausen und trocken tupfen. Jede
Seite mit Salz und Pfeffer würzen und mit Zitronensaft
beträufeln.

● Knoblauchzehen abziehen und nicht zu klein schneiden. Paprika waschen, halbieren, Kerne entfernen und
die Paprikahälften würfeln. Chicorée waschen und putzen, die Blätter einzeln ablösen. Große Blätter je einmal
längs und quer halbieren, mittelgroße nur quer, die inneren unzerteilt lassen.

● Butterschmalz in einen Topf erhitzen und die Knoblauchstückchen darin anbraten, bis sie ihr Aroma entfal-
ten. Mit Fond auffüllen, mit Sardellenpaste und Worcestersauce würzen, die passierten Tomaten hinzufügen.
Alles erhitzen.

● Paprika und Chicoréeblätter dazugeben. Garnelen und
Flusskrebse hinzufügen. Die Suppe mit Pfeffer, Koriander und Nelkenpulver abschmecken.

Tipp Sie können in dieser herb-aromatischen Suppe
auch noch zusätzlich ein Lorbeerblatt mitgaren.

Curryhähnchen mit Konjak-nudeln und Paksoi

KH pro Person 7 g

Für 2 Portionen
⊘ 25 Min.

350 g Hähnchenbrust (2 Stück) • 1 Zucchini (etwa 260 g) • 1 Zwiebel • 2 EL Butterschmalz • Salz • Pfeffer • Currypulver • 1 Kopf Paksoi (auch Pak Choi; asiatischer Kohl) • 120 g Konjaknudeln (asiatische No-Carb-Nudeln) • 2 EL Schmand

● Hähnchenfleisch kurz kalt abbrausen, mit Küchenpapier trocken tupfen und in mundgerechte Streifen schneiden. Zucchini waschen, putzen und würfeln.

● Zwiebel abziehen und klein schneiden. Butterschmalz in einer Pfanne erhitzen und die Zwiebel darin glasig dünsten. Hähnchenfleisch dazugeben, mit Salz, Pfeffer und kräftig mit Curry würzen, von allen Seiten anbraten.

● Währenddessen Paksoi waschen, trocken schütteln, putzen und die grünen Blattteile in Streifen schneiden, beiseitelegen. Die weißen Blattanteile quer noch kleiner schneiden, zusammen mit den Zucchiniwürfeln in die Pfanne geben, einige Minuten braten.

● Inzwischen Konjaknudeln in ein Sieb geben (falls sie in Bündeln geknotet sind, die Knoten lösen), die Nudeln abspülen, kleiner schneiden und zur Hähnchenpfanne geben. Die grünen Paksoistreifen untermischen. Alles ca. 1 Min. garen. Die Kochstelle ausschalten, den Schmand unterrühren und das Gericht servieren. Idealerweise sind die Zucchiniwürfel noch bissfest.

Blumenkohl mit Käsesauce und Bratwurst

KH pro Person 7 g

Für 2 Portionen
⊘ 30 Min.

1 kleiner Blumenkohl • 3 Knoblauchzehen • Salz • 140 g Blauschimmelkäse (z. B. Bavaria blu) • 70 g Sahne • Muskatnuss • weißer Pfeffer • 1 EL Butterschmalz • 2 Thüringer Rostbratwürste (je ca. 100 g)

● Blumenkohl waschen, den Strunk abschneiden, schälen und in Stücke schneiden. Knoblauchzehen abziehen und in grobe Stücke schneiden.

● In einem Topf ca. 2 cm hoch Salzwasser zum Kochen bringen. Blumenkohl hineinlegen. Einige der Knoblauchstückchen zwischen die Röschen stecken, einige ins Wasser legen und den Blumenkohl in etwa 20 Min. weich garen.

● In einem kleinen Topf den Blauschimmelkäse bei kleiner Hitze unter Rühren erwärmen, dabei nach und nach die Sahne einrühren. Mit Muskat und weißem Pfeffer würzen. Die Herdplatte ausschalten, den Topf darauf stehen lassen.

● Butterschmalz in der Pfanne erhitzen, die Würste darin rundum braun anbraten.

● Den gegarten Blumenkohl auf zwei Tellern anrichten, die Sauce darübergießen und mit der Bratwurst servieren.

Variante Kleine Cocktailtomaten, in der Pfanne nach dem Braten der Würste kurz angeschwenkt, geben dem Gericht eine frische Note.

Avocado-Brokkoli-Püree mit Rührei

KH pro Person 8 g

Für 2 Portionen
◷ 30 Min.

½ Brokkoli (ca. 200 g) • Salz • 1 Avocado • 1 EL Olivenöl • 1–2 TL Zitronensaft • Butterschmalz • 4 Eier • Pfeffer • Paprikapulver • 20 ml kohlensäurehaltiges Mineralwasser

● Brokkoli waschen, den Strunk abschneiden, putzen und grob würfeln.

● In einen Topf etwa 1 cm hoch Salzwasser zum Kochen bringen. Brokkoli hineingeben und zugedeckt etwa 15 Min. köcheln lassen.

● Avocado halbieren, den Kern herauslösen und das Avocadofleisch von der Schale lösen. Mit einer Gabel, unter Zugabe von Olivenöl und 1 TL Zitronensaft, das Avocadofruchtfleisch zu Mus zerdrücken.

● Butterschmalz in einer Pfanne bei mittlerer Hitze erhitzen. Eier aufschlagen, mit Salz, Pfeffer und Paprika würzen und etwas Mineralwasser dazugeben. Die Eier mit einer Gabel schaumig schlagen, in die Pfanne geben und unter wiederholtem Rühren stocken lassen.

● Den fertig gegarten Brokkoli abtropfen lassen und in einem hohen Rührbecher mit einem Pürierstab kurz pürieren. Das Avocadomus untermischen, mit Zitronensaft, Salz und Pfeffer abschmecken.

Tipp Je nach Geschmack können Sie auch mehr Brokkoli nehmen, dann wird der Brokkoligeschmack vorherrschender.

Spiegelei auf Auberginenschnitte

KH pro Person 9 g

Für 2 Personen
◷ 20 Min.

2 Auberginen • 7 EL Butterschmalz • 4 große Scheiben roher, ungeräucherter Schinken • 4 Eier • Salz • Pfeffer • Paprikapulver • 2 große dünne Scheiben Gouda (à ca. 30 g)

● Auberginen waschen, trocknen, Stielansatz abschneiden und die Auberginen längs halbieren. Von jeder Hälfte außen noch einmal so viel abschneiden, dass eine ebene (Auflage-)Fläche entsteht.

● Die abgeschnittenen Auberginenrundungen in Streifen schneiden und als Garnitur nutzen oder würfeln und in der Pfanne mitgaren.

● In einer großen Pfanne 3 EL Butterschmalz erhitzen und die Auberginenscheiben darin erst auf mittlerer Hitze beidseitig anbraten. Beim Wenden weitere 3 EL Butterschmalz zugeben. Dann die Auberginen bei geringer Hitze von beiden Seiten durchbraten. Sie sollen weicher werden, aber noch bissfest sein.

● In einer anderen Pfanne in 1 EL Butterschmalz den Schinken anbraten und anschließend auf die Auberginenscheiben legen.

● Eier in die Pfanne (in der der Schinken gegart wurde) schlagen, ganz leicht salzen und pfeffern und mit jeweils einer halben Scheibe Gouda darauf bei schwacher Hitze braten, am besten bei aufgelegtem Deckel. Auf den Schinken legen.

❯❯ Avocado-Brokkoli-Püree mit Rührei

Türkische Käserolle

KH pro Person 11 g

Für 4 Portionen
⊘ 30 Min.

4 Yuvka-Teigblätter (dreieckige Form, aus dem türkischen Lebensmittelladen) • 40 g Gouda am Stück • 40 g Gruyère am Stück • 40 g Butterkäse am Stück • 40 g Cheddar am Stück • 1 gr. Bd. Petersilie • Pfeffer • 2 Eier • 2 EL Milch • Muskat • 2 EL Butterschmalz

● Die Yuvka-Teigblätter mit Wasser bestreichen. Käse grob raspeln und in eine Schüssel geben. Petersilie waschen, trocken schütteln, die Blättchen abzupfen und fein schneiden. Petersilie und etwas Pfeffer zum Käse geben und alles gut vermischen.

● Eier in einen tiefen Teller schlagen, Milch und Muskat dazugeben und mit einer Gabel schaumig schlagen.

● Auf jede dreieckige Teigplatte ein Viertel der Käsemischung geben, etwas zusammendrücken und von der Spitze aufrollen. Die Seiten dabei etwas einschlagen, sodass die Rolle auch an den Enden verschlossen ist.

● Butterschmalz in einer Pfanne erhitzen und jede Rolle von allen Seiten in das verquirlte Ei tunken. Die Rollen von zwei Seiten goldbraun braten, das dauert insgesamt ca. 10 Min.

Tipp Für eine kleine Mahlzeit reicht 1 Käserolle. Wenn das Essen nur für 2 Personen zubereitet wird, können die übrigen Rollen auch gut mitgenommen werden. Sie schmecken kalt oder werden einfach kurz in der Mikrowelle aufgewärmt.

◖ Speckpilze im Fladenmantel

Speckpilze im Fladenmantel

KH pro Person 27 g

Für 2 Portionen
⊘ 20 Min.

1 Zwiebel • 250 g braune Champignons (oder andere würzige Pilze, z. B. Shiitake) • 1 TL Butterschmalz • 75 g gewürfelter durchwachsener Speck • Pfeffer • 1 Bd. Petersilie • 50 g Fonduekäse (z. B. Vacherin, Gruyère, Comté, Beaufort) • 2 dünne arabische Fladenbrote (∅ ca. 20 cm) • 1 EL saure Sahne

● Zwiebel abziehen und fein schneiden. Champignons trocken putzen und klein schneiden. Dazu zuerst Stiele klein würfeln, dann die Hüte zunächst in Scheiben und diese quer in Streifen schneiden.

● Butterschmalz erhitzen und die Zwiebeln darin anschwitzen, dann die Speckwürfel dazugeben und kurz mit anbraten. Schließlich die Pilze untermischen und das Ganze gut pfeffern und schmoren lassen.

● Backofen auf 180 °C vorheizen. Petersilie waschen, trocken schütteln, Blättchen abzupfen und fein wiegen.

● Fonduekäse grob reiben, in die Pfanne geben und schmelzend mit den Pilzen vermengen.

● Fladenbrote ca. 5 Min. in den heißen Backofen geben.

● Den Herd ausstellen, die saure Sahne unter die Käse-Pilze rühren, die Petersilie darüberstreuen und etwas unterheben.

● Die Fladen aus dem Backofen nehmen und die Pilzmasse daraufgeben. Die Fladen locker aufrollen und servieren.

Spargel im Lauchmantel

KH pro Person 16 g

Für 2 Portionen
⊘ 30–40 Min.

6 dicke, möglichst gerade Stangen Spargel (ca. 470 g) •
6 mitteldicke Stangen Lauch • 6 Scheiben würziger roher
Schinken (1 Scheibe ca. 10 g) • Salz • 40 g Cashewkerne •
2 EL Butter

● Spargel schälen und die Enden abschneiden. Vom
Lauch nur die geschlossenen Teile der Stange verwenden, längs aufschlitzen, äußere Schicht entfernen. Die
Stangen unter kaltem Wasser waschen, dabei die einzelnen Lagen auffächern.

● Die Spargelspitzen so abschneiden, dass Spargel- und
Lauchstangen in etwa gleich lang sind. Von den inneren
Blattlagen bei jeder Lauchstange einige herausnehmen,
sodass je 1 Spargelstange hineinpasst. Es sollten ca. 4 äußere Blattlagen übrig sein. Die 2 äußersten Lagen abnehmen, die Schinkenscheibe um die verbliebenen Lagen
wickeln, die beiden abgenommenen Lagen darumlegen.

● In einem weiten Topf wenige Zentimeter hoch
Salzwasser zum Kochen bringen. Die eingepackten Spar-
gelstangen in das kochende Salzwasser legen und ca.
20 Min. köcheln lassen. Nach 10 Min. die Spargelspitzen
und die entnommenen Lauchblätter dazugeben.

● Die Cashewkerne grob hacken und in einer Pfanne
ohne Fett hellbraun rösten. Herausnehmen und die Butter in der noch heißen Pfanne zerlaufen lassen.

● Die fertig gegarten Lauch-Spargel-Stangen und den
Lauch auf Tellern anrichten, die zerlassene Butter und
die Cashewstückchen darauf verteilen. Die Spargelspitzen dazu reichen.

Speckklöße mit Sahnepilzen

KH pro Person 5 g

Für 4 Portionen
⊘ 20 Min.

Für die Klöße
1 gr. Zwiebel (100 g) • 100 g gewürfelter Schinkenspeck •
1 EL Butterschmalz • 3 Eier • 250 g Frischkäse • Salz • 5 EL
Flohsamenschalen • 2 TL getr. italienische Kräuter
Für die Sahnepilze
1 Zwiebel • 400 g Pilze, z. B. Champignons • 1 TL Butterschmalz • Salz • Pfeffer • 150 ml Sahne

● Für die Klöße die Zwiebel abziehen und fein schneiden. Zwiebel und Speck in Butterschmalz anbraten, bis
der Speck leicht kross wird.

● Eier schaumig verquirlen. Frischkäse unterrühren, mit
Salz würzen. Flohsamenschalen untermischen, bis alles
eine homogene formbare Masse wird.

● Kräuter in den Teig kneten. 8 Klöße formen und in jeden eine geräumige Kuhle drücken. Speckzwiebeln hineingeben. Den Teig drumherum wieder schließen. Reichlich Salzwasser zum Kochen bringen und die Klöße darin
ca. 10 Min. ziehen lassen.

● Für die Sahnepilze Zwiebel abziehen und klein schneiden. Pilze putzen und in Scheiben schneiden. Beides
in Butterschmalz anbraten. Pikant mit Salz, Pfeffer abschmecken und mit Sahne aufgießen. Mit den Klößen
servieren.

Das passt dazu klassische Rouladen (Seite 95)

Tipp Sie können die Klöße am Vortag vorbereiten und
einzeln in Klarsichtfolie im Kühlschrank aufbewahren.

Gemüse mit Aubergine

KH pro Person 29 g

Für 2 Portionen
⊘ 35 Min.

200 g Kartoffeln • 2 Kohlrabi • 200 g Möhren • 1 Aubergine • Salz • 1 Bd. glatte Petersilie • 2 Stängel Basilikum • 2 Stängel Minze • weißer Pfeffer • 2 EL Butter

● Kartoffeln, Kohlrabi und Möhren schälen, putzen bzw. waschen und ca. 1 cm groß würfeln. Aubergine waschen, Stielansatz abschneiden und die Frucht ca. 1,5 cm groß würfeln.

● In einem Topf einige Zentimeter hoch Wasser mit Salz zum Kochen bringen. Kartoffeln, Kohlrabi und Möhren darin etwa 5 Min. zugedeckt kochen, dann die Auberginenwürfel dazugeben und alles zugedeckt in 10–15 Min. bissfest kochen.

● Petersilie, Basilikum und Minze waschen. Blätter abzupfen und fein wiegen.

● Wenn das Gemüse bissfest ist, mit dem Kochwasser in einem Sieb abgießen und abtropfen lassen. Dann zurück in den Topf geben, mit Pfeffer und bei Bedarf mit Salz würzen, Butter daraufgeben, weich werden lassen und mit den Kräutern gut untermischen.

Das passt dazu gebratenes Fischfilet, kurzgebratenes Fleisch, Frikadellen (Seite 43) bzw. Hackbällchen, gebratener Tofu, Räuchertofu oder Kräutertofuwürfel im Gemüse erwärmt

Matjeshering mit Sahnemeerrettich

KH pro Person 14 g

Für 2 Portionen
⊘ 15 Min.

1 Romanasalatherz • 1 Bund Petersilie • 100 g Schmand • 2 EL Rapsöl • 3 EL Zitronensaft • Salz • Pfeffer • 200 g Matjeshering (in Öl eingelegt) • 100 g Sahne • 4 EL geriebener Meerrettich • 4 EL Leinöl • 4 Scheiben Eiweißbrot

● Salat putzen, waschen und abtropfen lassen. Petersilie waschen, trocken schütteln, die Blätter abzupfen und fein wiegen.

● In einer Salatschüssel Schmand mit Rapsöl und 1 EL Zitronensaft verrühren, mit Salz und Pfeffer abschmecken.

● Salatblätter in dünne Streifen schneiden und mit der Petersilie in die Schüssel geben, alles vermengen.

● Matjeshering auf zwei Tellern anrichten.

● Sahne steif schlagen und den Meerrettich unterheben, in ein Schälchen geben. Leinöl und 2 EL Zitronensaft vermischen, in ein kleines Kännchen geben.

● Hering auf oder zum Eiweißbrot und mit dem Salat genießen, dabei nach Geschmack mit Zitronenleinöl und Sahnemeerrettich verfeinern.

Kabeljau auf Salat

KH pro Person 7 g

Für 2 Portionen
⊘ 45 Min.

350 g Kabeljaufilet • Salz • weißer Pfeffer • 4–5 EL Zitronensaft • 200 g kleine weiße Champignons • 2 Tomaten (200 g) • 75 g Schmand • 75 g Doppelrahm-Frischkäse • 4 EL Öl • Kräutersalz • rosenscharfes Paprikapulver • 1 kl. Kopf Blattsalat (z. B. Eichblatt- oder Kopfsalat) • 2 EL Butterschmalz

● Kabeljau kurz kalt abbrausen und trocken tupfen. Das Filet ggf. halbieren, von beiden Seiten salzen, pfeffern und mit 1 TL Zitronensaft bestreichen. Ziehen lassen.

● Champignons trocken putzen und in Scheiben schneiden. Tomaten waschen, halbieren, Stielansätze entfernen und die Tomatenhälften klein schneiden.

● In einer Salatschüssel Schmand mit Frischkäse, 2 EL Öl und dem restlichen Zitronensaft verrühren. Mit Kräutersalz, Pfeffer und Paprika scharf-pikant abschmecken. Salatblätter waschen, abtropfen lassen, dann in mundgerechte Stücke zupfen und zur Salatsauce geben, unterheben.

● In einer Pfanne 2 EL Öl erhitzen und bei starker Hitze zunächst die Champignons einige Minuten anbraten, dann die Tomatenstücke untermischen. Kurz heiß machen, leicht salzen und pfeffern. In einer anderen Pfanne Butterschmalz erhitzen und den Fisch bei mittlerer bis starker Hitze von beiden Seiten goldbraun braten.

● Fisch in mundgerechte Stücke zerlegen. ⅔ der Champignons und Tomaten sowie ⅓ des gebratenen Fischs unter den Salat heben, das Übrige darauf verteilen.

Feldsalat mit Speck

KH pro Person 2 g

Für 2 Portionen
⊘ 25 Min.

150 g Feldsalat • 1 TL Butterschmalz • 250 g durchwachsener Speck in Würfeln • 2 Stängel Estragon • 8 Stängel Kerbel • 150 g Gruyère • 3 EL Leinöl • 1½ EL Balsamicoessig • Pfeffer

● Feldsalat verlesen, gründlich waschen und die Würzelchen abschneiden. In einem Sieb abtropfen lassen.

● Butterschmalz erhitzen und die Speckwürfel darin unter mehrmaligem Wenden kross braten.

● Estragon und Kerbel waschen, dicke Stiele entfernen, dann die Kräuter fein wiegen. Gruyère grob raspeln.

● Leinöl und Balsamicoessig mischen und mit Pfeffer würzen. Feldsalat und Käse damit vermischen.

● Den größten Teil des durchgebratenen Specks (nach Geschmack mit dem ausgebratenen Fett) unter den Salat mischen. Den Salat portionieren und mit den übrigen Speckwürfelchen bestreut servieren.

Zum Mitnehmen Bereiten Sie Feldsalat, Dressing, gebratene Speckwürfel und geraspelten Käse am Vorabend zu und verpacken Sie alles separat. Wer den Salat nicht transportieren möchte, kauft z. B. eine Wildkräutersalatmischung im Supermarkt nebenan.

❯ Kabeljau auf Salat

Avocado mit Kopfsalat

KH pro Person 13 g

Für 2 Portionen
⊘ 15 Min.

2 Avocados • 2 EL Olivenöl • Pfeffer •
1 Kopfsalat
Für die Salatsauce
100 g Ziegenfrischkäse • 1 EL Olivenöl • 2 EL Balsamicoessig • Salz •
Pfeffer • 1 Bd. Petersilie

● Avocados halbieren, Kern entfernen und das Fruchtfleisch vorsichtig mit einem Löffel aus der Schale
heben. Das Fruchtfleisch in Stückchen schneiden und in eine Schüssel geben. Mit Olivenöl beträufeln
und pfeffern.

● Kopfsalat waschen, abtropfen
lassen und in Streifen schneiden.

● Aus Ziegenfrischkäse, Olivenöl
und Balsamicoessig eine Salatsauce
rühren. Mit Salz und Pfeffer kräftig würzen.

● Petersilie waschen, trocken
schütteln, Blättchen abzupfen und
klein schneiden. Unter die Sauce
rühren.

● Salatstreifen mit Avocadostück-
chen mischen und die Sauce darüber verteilen.

Feldsalat mit Champignons

KH pro Person 5 g

Für 2 Portionen
⊘ 30 Min.

1 kleine Zwiebel • 250 g Feldsalat •
250 g weiße Champignons • 2 EL
Butterschmalz • 3 EL Olivenöl • 1 EL
Balsamicoessig • 60 g Walnüsse •
Salz • Pfeffer

● Zwiebel abziehen und fein würfeln. Feldsalat verlesen, waschen,
abtropfen lassen und putzen (Würzelchen abschneiden).

● Champignons trocken putzen,
Stiele herausdrehen und in Scheiben schneiden. Die Hüte grob würfeln.

● Butterschmalz zerlassen und die
Zwiebeln glasig andünsten, dann
die Champignons dazugeben, bei
starker Hitze kurz braten, ab und
zu wenden.

● In einer Salatschüssel Olivenöl
und Balsamicoessig mischen, den
Feldsalat untermischen. Walnüsse
hacken und hinzufügen.

● Den Salat mit Salz und Pfeffer würzen, nochmals vermengen.
Die heißen Pilze über dem Feldsalat verteilen, leicht salzen und pfeffern.

Spinatsalat mit Melone

KH pro Person 27 g

Für 2 Portionen
⊘ 20 Min.

80 g Baby-Blattspinat • 50 g Feldsalat • 70 g Walnusskerne • ½ kleine
Cantaloupe-Melone (500 g mit
Schale) • 3 EL Olivenöl • 1 EL Balsamicoessig • Salz

● Spinat waschen, verlesen, abtropfen lassen, die Blätter noch etwas zerkleinern und in eine Salatschüssel geben.

● Feldsalat waschen, verlesen, in
einem Sieb abtropfen lassen, putzen (die Würzelchen abschneiden)
und zum Spinat geben.

● Walnusskerne grob hacken, in
einer Pfanne ohne Fett rösten, bis
sie leicht bräunen und aromatisch
duften. Zu den Blättern geben.

● Melone in breite Schiffchen
schneiden, Kerne entfernen und
das Fruchtfleisch mit einem scharfen Messer von der Schale lösen.
Melone in Stückchen schneiden
und zum Salat geben.

● Olivenöl, Balsamicoessig und etwas Salz mischen, zum Salat geben
und alles gut vermengen.

Kürbischips

KH pro Person 26 g

Für 2 Portionen
⊘ 50 Min.

500 g Hokkaidokürbis • edelsüßes Paprikapulver • Pfeffer • Salz • 200 g Frischkäse (Doppelrahmstufe)

● Kürbis mit einem Spargelschäler schälen, Schalen entsorgen. Kürbis weiter so schälen, dass sich Streifen, etwas länger als bei Kartoffelchips, ablösen. Auf diese Weise möglichst viel Kürbisfleisch zu Chips verarbeiten. Inzwischen den Backofen auf 180 °C vorheizen.

● 2 Backbleche mit Backpapier belegen und die Kürbischips darauf verteilen. Etwa 30 Min. backen. Die Chips bräunen nicht stark, sondern nehmen lediglich eine dunklere Farbe an.

● In eine weite Schüssel umfüllen und mit Paprika, Pfeffer und Salz würzen. Die Chips zusammen mit dem Frischkäse – am besten mit Messer und Gabel – essen.

Ziegenkäse-Speckröllchen

KH pro Person 2 g

2 Portionen
⊘ 20 Min.

1 TL Butterschmalz • 160 g Bacon in Scheiben (ca. 14 Scheiben) • 150 g milder Ziegenfrischkäse

● Backofen auf 200 °C vorheizen. Ein Backblech mit Backpapier belegen.

● Butterschmalz in einer Pfanne erhitzen und den Bacon darin kurz von beiden Seiten anbraten, bis er sich leicht wellt, dann die Scheiben auf dem Backblech auslegen.

● Auf jede Scheibe etwa 1 EL Ziegenkäse geben und die Scheiben einrollen. Es sollten mindestens 6 Röllchen werden.

● Alles etwa 10 Min. in den Backofen geben.

Das passt dazu Möhren-Rotkohl-Salat (Seite 39), Rohkostsalat (Seite 40)

Tipp eine wirklich nur kleine Zwischenmahlzeit

Tofuschnitte mit Tomate und Feta

KH pro Person 6 g

Für 2 Portionen
⊘ 10 Min.

1 Bd. Schnittlauch • 200 g fester Tofu • 2 EL Öl • 2 Tomaten • 180 g Feta am Stück • Kräutersalz • Pfeffer

● Schnittlauch waschen, abschütteln und in feine Röllchen schneiden. Tofu dreimal quer durchschneiden, sodass 4 dünne Scheiben entstehen.

● Öl erhitzen und die Tofuscheiben darin bei mittlerer Hitze von beiden Seiten goldgelb braten.

● Tomaten waschen, trocknen, halbieren, den Stielansatz entfernen und die Tomaten in etwa 1 cm dicke Scheiben schneiden. Feta vorsichtig mit dem Messer quer durchschneiden, sodass zwei Scheiben entstehen.

● Auf zwei Teller je 1 Tofuscheibe legen, je 1 Scheibe Schafskäse darauflegen, mit 1 Tofuscheibe abdecken.

● Die Tomatenscheiben auf den Tofuschnitten verteilen, mit Kräutersalz und Pfeffer würzen und dick mit Schnittlauch bestreuen.

Blattsalat mit Käsebällchen

KH pro Person 9 g

Für 2 Portionen
⊘ 30 Min. + 30 Min. Gefrierzeit

200 g Doppelrahm-Frischkäse mit Kräutern • 150 g kleine Mozzarellakugeln (Abtropfgewicht) • 1 Bd. Petersilie • edelsüßes Paprikapulver • 1 kleiner Kopf Blattsalat (z. B. Lollo Rosso) • 2 EL Zitronensaft • 3 EL Olivenöl • Salz • Pfeffer

● Frischkäse vor der Verarbeitung 30 Min. ins Gefrierfach legen.

● Mozzarellakugeln einzeln mit Frischkäse umhüllen. Dazu am besten mit kühlen Händen und einem Esslöffel arbeiten. Die Bällchen mit Abstand auf einen Teller legen und nochmals ins Gefrierfach stellen.

● Petersilie waschen, trocken schütteln, Blättchen abzupfen und fein wiegen. Auf einen Teller etwa 1 TL Paprikapulver geben. Ein Drittel der Käsekugeln mit Petersilie ummanteln, ein Drittel mit rotem Paprikapulver bestäuben und ein Drittel weiß lassen. Zur Seite stellen.

● Salat putzen, waschen, Blätter in mundgerechte Stücke zupfen und in einem Sieb abtropfen lassen. In einer Salatschüssel Zitronensaft, Olivenöl, Salz und Pfeffer sowie die restliche Petersilie zu einem Dressing rühren, den Salat dazugeben, alles gut vermischen.

● Den Salat auf zwei Teller verteilen und mit Käsekugeln unterschiedlicher Farbe garnieren.

Variante Als Umhüllung schmecken auch bunter Pfeffer, Curry, Cayennepfeffer, Dill oder Schnittlauch.

Artischocken mit Dip

KH pro Person 5 g

Für 2 Portionen
⊘ 45 Min.

2 Artischocken (450 g) • Salz • 2 EL Zitronensaft
Für den Dip
½ Bund Petersilie • 3 kleine Knoblauchzehen • 4 EL Olivenöl • 2 EL Zitronensaft • weißer Pfeffer

● Artischocken waschen, die unteren Blätter und den Stiel entfernen. Von den übrigen Blättern die Spitze mit der Schere abschneiden und die Artischocken in kochendes Salzwasser geben. Zitronensaft hinzufügen und ca. 35 Min. kochen. Am Ende der Garzeit sollten sich die mittleren Blätter leicht herausziehen lassen.

● Für den Dip Petersilie waschen, trocken schütteln, Blättchen abzupfen, klein schneiden und fein wiegen. Knoblauchzehen abziehen und sehr fein schneiden. Olivenöl und Zitronensaft mischen und mit Salz und Pfeffer würzen. Knoblauch und Petersilie unterrühren.

● Die Artischocken isst man, indem man die einzelnen Blätter herauszupft, den hellen, fleischigen Teil in die Sauce eindippt und dann mit Dip zwischen den Zähnen abstreift. Wenn Sie sich bis nach innen »durchgearbeitet« haben, entfernen Sie die inneren Blätter und das »Heu« und essen den Boden mit dem verbliebenen Dip – am besten mit Messer und Gabel.

Zum Mitnehmen Kaufen Sie Artischocken aus dem Glas und bereiten Sie den Dip am Tag vorher zu.

Das passt dazu Low-Carb-Brot

❯ Blattsalat mit Käsebällchen

Kennen Sie das: »Das Büro« geht mittags mal eben zum Bäcker um die Ecke und Sie als low-carb lebende -Kollegin stehen allein auf weiter Flur? Da hilft nur eine Essens-Offensive! Bringen Sie Ihr Low-Carb-Essen einfach mit. Immer wieder. So gewöhnen Sie sich über die Wochen hinweg daran, Ihr Büro-Essen beim Zubereiten des Abendessens ganz unkompliziert mit vorzubereiten. Und zwar so, dass Sie am nächsten Tag mit minimalem Aufwand Ihre Mahlzeit genießen können. Wahrscheinlich sind Sie dann sogar schneller fertig, als Ihre Kollegen vom Bäcker-Einkauf zurückkommen. – Lassen Sie es sich schmecken!

Das Prinzip unserer Vorbereitungsgerichte ist ganz einfach: Sie stehen nur einmal in der Küche und haben sowohl das Abendessen als auch den Großteil der Büromahlzeit für den folgenden Tag zubereitet. Probieren Sie es aus und genießen Sie Eintöpfe, Gebratenes, Rohkostsalate, Pfannkuchen, Gratins, Rouladen, Ofen-, Topf- und Pfannengerichte. Wir wünschen doppelten guten Appetit!

◀ Rote-Bete-Carpaccio (Seite 66)
und Avocado-Carpaccio (Seite 66)

Rote-Bete-Carpaccio

KH pro Person 24 g

Für 2 Portionen
⊘ 15 Min.

500 g vorgegarte Rote Bete (Vakuumpack) • 3–4 Stängel Minze • 300 g milder Ziegenfrischkäse • Salz • 3–4 TL geriebener Meerrettich (Glas)

● Packung mit der Roten Bete öffnen, den Saft auffangen, 2 EL davon in eine Schüssel geben. Die Rote Bete – am besten auf einem Teller und mit Handschuhen, damit nichts abfärben kann – in dünne Scheiben schneiden und auf zwei große Teller so verteilen, dass sie leicht überlappen.

● Minze waschen, die Blätter abzupfen und sehr fein schneiden.

● Ziegenfrischkäse zu den 2 EL Rote-Bete-Saft geben und alles cremig verrühren, nach Bedarf noch etwas Rote-Bete-Saft hinzufügen.

● Die Ziegenkäsecreme mit Salz abschmecken. Dann auf zwei Schüsseln verteilen, eine davon eine Transportschüssel. In diesen Teil der Creme die Minze einrühren.

● In die andere Schüssel, die zum sofortigen Verzehr, den Meerrettich einrühren. Die Meerrettichcreme auf den Rote-Bete-Scheiben verteilen.

● Die Minzcreme im Kühlschrank für den nächsten Tag aufbewahren.

… und Avocado-Carpaccio

KH pro Person 6 g

Für 2 Portionen
⊘ 10 Min.

Ziegenkäse-Minz-Creme vom Vortag (s. links) • 1 Avocado • Pfeffer

● Die Minzcreme vom Vortag, ½ Std. vor dem Verzehr aus dem Kühlschrank holen, damit sie nicht so kalt ist.

● Avocado halbieren, den Kern mit einen großen Löffel vorsichtig herausheben. Dann das Fruchtfleisch ebenfalls mit dem Löffel vorsichtig aus den Schalen lösen. Avocadohälften in dünne Scheiben schneiden (nicht zu dünn, sonst brechen sie). Die Scheiben auf zwei Servierteller verteilen.

● Die Ziegenkäsecreme mit reichlich Pfeffer abschmecken und mit einem Löffel über die Avocadoscheiben geben.

Kräutersaitlinge mit braunen Champignons

KH pro Person 9 g

Für 2 Portionen
⊘ 30 Min.

500 g Weißkohl • Salz • 4 Kräutersaitlinge (250 g) • 150 g braune Champignons • 4 kleine Lauchzwiebeln • 2 Knoblauchzehen • 2 EL Butterschmalz • Kräutersalz • Pfeffer • Paprikapulver • 200 g Tomaten • 1 Bd. Petersilie • 1–2 EL Butter

● Weißkohl waschen und in feine Streifen schneiden. In Salzwasser 2 cm hoch in ca. 10 Min. weich kochen. Dann in ein Sieb abgießen.

● Kräutersaitlinge und Champignons trocken putzen, Stiele in Scheiben, Hüte in Stücke schneiden. Lauchzwiebeln waschen, putzen und ohne das dunkle Grün in feine Scheiben schneiden. Knoblauch fein würfeln.

● Butterschmalz erhitzen. Lauchzwiebeln, Knoblauch und Pilze darin braten, bis das Wasser, das anfangs austritt, wieder verdampft ist. Dabei häufig umwenden. Die Pilze mit Kräutersalz, Pfeffer und Paprikapulver würzen.

● Tomaten waschen, halbieren, Stielansatz entfernen und die Tomaten in Stücke schneiden. Vom Weißkohl 300 g abnehmen und in einer Schüssel abkühlen lassen. Den übrigen Kohl mit den Tomaten zur Pilzpfanne geben, untermengen und einige Minuten mitgaren.

● Petersilie waschen, Blätter abzupfen, klein schneiden und fein wiegen. Kochstelle ausschalten, die Butter in der Pilzpfanne schmelzen lassen und die Petersilie untermischen.

Pikanter Weißkohlsalat

KH pro Person 11 g

Für 2 Portionen
⊘ 10 Min.

60 g Walnusskerne • 120 g Doppelrahm-Frischkäse • 120 g Hüttenkäse • 300 g gegarter Weißkohl vom Vortag (s. links) • Salz • weißer Pfeffer • 100 g mit Frischkäse gefüllte Kirschpaprika

● Walnusskerne grob hacken. Frischkäse und Hüttenkäse gut mischen. Weißkohl und Walnüsse untermengen. Den Salat mit Salz und Pfeffer würzen. Einpacken.

● Die Kirschpaprika separat einpacken und mitnehmen. Erst vor dem Servieren vierteln und unter den Salat heben.

Variante Statt Kirschpaprika können Sie auch einige in feine Ringe geschnittene eingelegte Peperoni untermengen.

Süßkartoffeln mit Quark und Feldsalat

KH pro Person 31 g

Für 2 Portionen
⊘ 45 Min.

2 Süßkartoffeln (je ca. 275 g)
Für den Salat
4 EL Olivenöl • 2 EL Zitronensaft • Salz • Pfeffer • 150 g Feldsalat • 150 g Mini-Mozzarellakugeln • 4 Zweige Basilikum • 25 g Pinienkerne • 40 g Sonnenblumenkerne
Für den Quark
1 Bd. Petersilie • 250 g Sahnequark • 50 g milder Ziegenfrischkäse • 1 EL Leinöl • Salz • Pfeffer

● Süßkartoffeln waschen, im kochenden Wasser in ca. 30 Min. weich kochen. Für das Dressing Olivenöl mit Zitronensaft mischen und mit Salz und Pfeffer würzen.

● Feldsalat waschen und Würzelchen abschneiden. In eine Schüssel geben. Mozzarellakugeln halbieren. Die Hälften unter den Salat mischen. Basilikumblätter fein schneiden und untermischen.

● Salat und Dressing halbieren. Für den nächsten Tag beides getrennt verpacken und im Kühlschrank aufbewahren. Salat und Dressing für die heutige Mahlzeit mischen.

● Pinienkerne in einer Pfanne ohne Fett rösten, bis sie beginnen zu bräunen. Sofort aus der Pfanne nehmen und zum Salat geben. Anschließend in der Pfanne die Sonnenblumenkerne goldbraun rösten. Ebenfalls sofort aus der Pfanne nehmen und für den nächsten Tag aufbewahren.

● Für den Quark Petersilienblätter fein wiegen. Sahnequark und Ziegenfrischkäse mischen. Petersilie und Leinöl dazugeben und mit Salz und Pfeffer abschmecken.

● Wenn die Kartoffeln fertig sind, abgießen, eine davon halbieren und den Quark auf beide Kartoffelhälften geben. Die Schale kann mitgegessen werden. Dazu den Salat genießen.

... und Käse-Kartoffeln mit Salat

KH pro Person 32 g

Für 2 Portionen
⊘ 10 Min.

2 Tomaten • ½ Portion Salat vom Vortag (s. links) • 40 g geröstete Sonnenblumenkerne vom Vortag (s. links) • Süßkartoffel vom Vortag (s. links) • 200 g Fontinakäse in Scheiben (halbfester italienischer Schnittkäse, 45 % F. i. Tr.) • Dressing vom Vortag (s. links) • Salz • Pfeffer

● Tomaten waschen, halbieren, Stielansatz entfernen, Tomaten in Stücke schneiden und zum Salat geben. Die gerösteten Sonnenblumenkerne untermischen.

● Süßkartoffel mit Schale einmal längs halbieren, dann quer in Scheiben schneiden. Die Scheiben dachziegelartig auf einen Teller legen. Käse darauf verteilen und in der Mikrowelle schmelzen lassen.

● Salat vom Vortag mit dem Dressing mischen, evtl. noch einmal mit Salz und Pfeffer nachwürzen und zu den Käse-Kartoffeln reichen.

Pikante Pfannkuchen aus dem Backofen

KH pro Person 7 g

Für 2 Portionen
⊘ 30 Min. + 25 Min. Backzeit

80 g Parmesan • 4 Scheiben Pfeffersalami • 70 g Radieschen • 2 kleine feste Tomaten • 200 g Blaubeeren • 500 g Quark • 4 Eier • 2–3 EL Leinmehl • Salz • Pfeffer • Thymian • mind. 2 EL Erythrit

● Parmesan fein reiben. Pfeffersalami in kleine Stücke schneiden. Radieschen waschen, putzen und in Scheiben schneiden. Tomaten waschen, in Scheiben schneiden, die Stielansätze entfernen.

● Blaubeeren waschen und in einem Sieb abtropfen lassen. Ein Backblech mit Backpapier belegen. Den Backofen auf 150 °C Umluft vorheizen.

● Quark in eine Schüssel geben, Eier trennen, Eigelbe zum Quark geben, 2 gestrichene EL Leinmehl zufügen.

● Eiweiße zu sehr festem Eischnee schlagen. Anschließend den Quark mit dem Mixer verquirlen und danach auf kleinster Stufe den Eischnee unterheben.

● Falls der Teig noch sehr dünnflüssig ist, ein wenig Leinmehl einstreuen und unterrühren. (Der Teig soll später auf dem Blech von sich aus etwas verlaufen.)

● Die Hälfte des Teiges in eine andere Schüssel geben, mit Salz, Pfeffer und Thymian würzen. Die andere Portion mit Erythrit süßen.

● Jede Teigsorte als zwei gleichgroße Fladen auf das Backpapier geben. Den salzigen Teig mit Salamistückchen bestreuen, dann die Radieschenscheiben darauf verteilen und schließlich die Tomatenscheiben. Mit Parmesan bestreuen.

● Auf den gesüßten Teig die Blaubeeren streuen. Die Pfannkuchen 25 Min. in den heißen Backofen geben. Die herzhaften Pfannkuchen heiß servieren, die Blaubeerpfannkuchen für den nächsten Tag aufbewahren.

Tipp Die hier angegebene Menge reicht genau für ein Backblech. Wem 1 Pfannkuchen für eine Mahlzeit zu wenig ist, der kann die doppelte Menge zubereiten, alles auf 2 Backbleche verteilen und gleichzeitig backen.

… und süße Blaubeer-Pfannkuchen

KH pro Person 11 g

Für 2 Portionen
⊘ › 5 Min. Aufwärmzeit

2 Blaubeerpfannkuchen vom Vortag (s. links)

● Sie können die Pfannkuchen kalt essen oder 1 Min. auf voller Leistung in der Mikrowelle aufwärmen.

Das passt dazu etwas Sahne

Gemüsegratin mit Zucchini

KH pro Person 9 g

Für 2 Portionen
⏱ 25 Min. + 30 Min. Backzeit

600 g Zucchini • Kräutersalz • Pfeffer • 1 grüne Paprika • 300 g kleine feste Tomaten • Paprikapulver, edelsüß • getr. Rosmarin • getr. Thymian • 200 g Gruyère am Stück • 200 g alter Gouda am Stück • 80 g Parmesan am Stück • 3 Eier • Salz • 200 g Brokkoli • 2 Riesenchampignons • 2 EL Butterschmalz

● Zucchini putzen, in ca. 4 mm dünne Scheiben schneiden und in eine Auflaufform (ca. 20 × 30 cm) geben. Mit Kräutersalz und Pfeffer würzen. Paprika klein würfeln und über die Zucchini streuen. Tomaten waschen, in Scheiben schneiden und auf dem Gemüse verteilen. Mit Paprika, Rosmarin und Thymian würzen. Backofen auf 180 °C vorheizen.

● Gruyère und Gouda getrennt grob raspeln. Parmesan fein raspeln. Je 50 g Gruyère und Gouda abgedeckt in den Kühlschrank stellen. Den übrigen Käse mischen und auf dem Gemüse verteilen.

● Eier trennen. Eigelbe verschlagen und über das Gemüse gießen. Das Eiweiß leicht salzen, zu Eischnee schlagen und gleichmäßig als oberste Schicht aufstreichen. Das Gemüse ca. 30 Min. im Backofen garen.

● Brokkoli waschen, putzen und in Röschen teilen. Strunk schälen und klein würfeln. Champignons putzen, halbieren und die Hälften quer in Scheiben schneiden.

● Butterschmalz erhitzen und die Champignons darin bei mittlerer Hitze braten, bis sie leicht zusammen-

fallen. Salzwasser zum Kochen bringen und den Brokkoli darin zugedeckt ca. 5 Min. garen. Abgießen. Brokkoli und Champignons für den nächsten Tag aufbewahren.

● ⅔ des fertigen Gratins (die Zucchini sollten noch bissfest sein) servieren, ⅓ für den nächsten Tag aufbewahren.

... und mit Brokkoli und Champignons

KH pro Person 10 g

Für 2 Portionen
⏱ 10 Min.

150 g Schmand • 4 EL pürierte Tomaten • Salz • Pfeffer • Tabasco • 1 TL getr. Basilikum • Brokkoli und Champignons vom Vortag (s. links) • übriges Gemüsegratin vom Vortag (s. links) • vorbereiteter Käse vom Vortag (s. links)

● Schmand und Tomatenpüree mischen und mit Salz und Pfeffer würzen. Mit Tabasco tropfenweise scharf abschmecken. Basilikum untermischen.

● Brokkoli und Champignons unter das Gemüsegratin vom Vortag mengen. Tomaten-Schmand auf dem Gemüse verteilen. Den Käse gut mischen und über das Gemüse streuen.

● Gemüse 1–2 Min. in der Mikrowelle auf höchster Stufe erhitzen, bis der Käse geschmolzen ist.

Variante Für ein Gemüsegratin eignen sich sehr viele Gemüsesorten. Das macht es zu einem guten Resteverwertungs-Gericht. Probieren Sie es auch einmal mit Möhren, Kohlrabi oder Blumenkohl.

Mangold-Kohlrabi-Püree mit Austernpilzen

KH pro Person 22 g

Für 2 Portionen
⊘ 40 Min.

2 Kohlrabi • Salz • 450 g Mangold • 1 große Zwiebel • 4 EL Butterschmalz • 380 g Austernpilze • Pfeffer

● Kohlrabi schälen, in ca. 1,5 cm große Stücke schneiden. In einem Topf ca. 1 cm hoch Salzwasser aufkochen und die Kohlrabistücke darin zugedeckt in etwa 20 Min. weich dünsten.

● Mangold waschen, trocken tupfen, in ca. 1 cm große Stücke schneiden.

● Zwiebel abziehen und fein würfeln. In einer Pfanne 2 EL Butterschmalz erhitzen und die Zwiebelstücke darin hell anbraten, den Mangold zugeben und zugedeckt in ca. 10 Min. weich dünsten.

● Austernpilze trocken putzen, in grobe Stücke schneiden.

● Wenn der Kohlrabi gar ist, überschüssiges Wasser abgießen und den Kohlrabi mit dem Pürierstab grob anpürieren. Mangold und Zwiebeln untermischen. Mit Salz und Pfeffer abschmecken. Die Hälfte des Pürees für den nächsten Tag beiseitestellen. Das übrige Püree warm halten.

● 2 EL Butterschmalz in der Pfanne erhitzen und die Austernpilze darin bei starker Hitze kurz unter Wenden anbraten. Mit dem Mango-Kohlrabi-Püree anrichten.

... und mit Bratwurst

KH pro Person 18 g

Für 2 Portionen
⊘ 10 Min.

2 Portionen Mangold-Kohlrabi-Püree vom Vortag (s. links) • 2 EL Butterschmalz • 2 ungebrühte (feine) Bratwürste (je ca. 75 g)

● Mangold-Kohlrabi-Püree in einem Topf unter Rühren aufwärmen.

● Butterschmalz erhitzen. Das Bratwurstbrät in kleinen, rundlichen Portionen aus der Wurstpelle drücken. Die Brätstücke in der Pfanne braun braten, mit dem Mus servieren.

Variante Die Brätportionen in das kalte Mus geben und alles zusammen in der Mikrowelle einige Min. erhitzen, bis die Brätbällchen durchgegart sind.

Rotkohl
mit Speck und Mettwurst

KH pro Person 28 g

Für 2 Portionen
◷ 60 Min.

1 Kopf Rotkohl (ca. 700 g) • 3 Zwiebeln (ca. 180 g) • 3 EL Butterschmalz • 200 g gewürfelter durchwachsener Speck • Nelkenpulver • 1 Lorbeerblatt • 2 Mettwürste (Kohlwürste, Mettenden, je ca. 75 g) • 6 kleine neue Kartoffeln (z. B. Drillinge) • 3 Bratwürste (je ca. 80 g) • Salz

● Die äußeren Blätter vom Rotkohl entfernen. Kohl vierteln, den Strunk herausschneiden und die Viertel in feine Streifen hobeln.

● Zwiebeln abziehen und klein würfeln. 1 EL Butterschmalz erhitzen und den Speck darin auslassen. Zwiebeln zugeben und beides hell anbraten. Den Rotkohl zufügen, kurz anschwitzen, mit Nelkenpulver würzen, das Lorbeerblatt zufügen und die Mettwürste einlegen. Alles ca. 30 Min. zugedeckt garen. Evtl. ein wenig Wasser zufügen, falls der Kohl droht anzusetzen.

● Nach 10 Min. Garzeit Kartoffeln in einem 2. Topf in wenig Salzwasser in ca. 20 Min. gar kochen.

● 2 EL Buttschmalz erhitzen. Bratwürste in Scheiben schneiden und anbraten. Abkühlen lassen und für den nächsten Tag beiseitestellen.

● Wenn der Rotkohl weich ist, etwas weniger als die Hälfte des Rotkohls (ohne Mettwurst) aus dem Topf nehmen und für den nächsten Tag beiseitestellen.

● Den verbliebenen Rotkohl mit Salz abschmecken, mit je 1 Mettwurst und 3 kleinen Kartoffeln auf Teller geben und servieren.

Warmer Rotkohlsalat

KH pro Person 10 g

Für 2 Portionen
◷ 10 Min.

250 g Chinakohlblätter • gegarter Rotkohl vom Vortag (s. links) • 3 gebratene Bratwürste vom Vortag (s. links) • 75 g Schmand • Salz • Pfeffer

● Chinakohl waschen, trocken tupfen und die Blätter quer in feine Streifen schneiden.

● Chinakohl in der Mikrowelle kurz erwärmen. Wenn er etwas zusammengefallen ist, Rotkohl und Bratwürste dazugeben und alles mit Schmand vermischen.

● Nochmals ganz kurz erwärmen und mit Salz und Pfeffer abschmecken.

Mangold-Rucola mit Tomate und Mozzarella

KH pro Person 6 g

Für 2 Portionen
⏱ 25 Min.

2 Zwiebeln • 800 g Stielmangold • 250 g Cocktailtomaten • 4 EL Butterschmalz • Salz • Pfeffer • 120 g Rucola • ca. 400 g Konjak-Fadennudeln (Abtropfgewicht) • 125 g Mini-Mozzarellakugeln (Abtropfgewicht) • 170 g Suçuk (türkische Knoblauchwurst)

● Zwiebeln abziehen und klein schneiden. Mangoldblätter gründlich waschen und putzen. Die Blätter von den Stielen schneiden und beides separat in ca. 5 mm breite Streifen schneiden. Cocktailtomaten waschen und halbieren

● 3 EL Butterschmalz erhitzen und die Zwiebelstückchen darin glasig andünsten. Mangoldstielstreifen und die Tomaten dazugeben, alles salzen und reichlich pfeffern. Das Gemüse etwa 5 Min. zugedeckt dünsten.

● Rucola verlesen, waschen und evtl. etwas kleiner schneiden. Konjaknudeln in ein Sieb geben und abspülen. Falls sie geknotet sind, Knoten lösen und die Nudeln in mundgerechte kurze Stücke schneiden. Rucola, Mangoldblattstreifen und Konjaknudeln in den Topf geben und etwa 5 Min. mitgaren.

● Mozzarellakugeln abtropfen lassen, halbieren, ebenfalls in den Topf geben und kurz miterwärmen.

● Die Hälfte des Gerichtes für den nächsten Tag aus dem Topf nehmen, dabei möglichst alle Mozzarellakugeln und die meisten Cocktailtomaten zurücklassen.

● Von den Suçuk die dünne Pelle entfernen und die Würste längs halbieren oder vierteln, dann quer in dünne Scheiben schneiden.

● 1 EL Butterschmalz erhitzen. Suçukscheiben kurz anbraten, aus der Pfanne nehmen, abkühlen lassen und mit dem ausgetretenen Fett für den nächsten Tag verpacken.

... und Mangold-Rucola mit Suçuk

KH pro Person 4 g

Für 2 Portionen
⏱ 5–10 Min.

2 Portionen Mangold-Rucola-Gericht vom Vortag (s. links) • 170 g angebratene Suçuk (türkische Knoblauchwurst, s. links)

● Das Mangold-Rucola-Gericht vom Vortag mit den gebratenen Suçuk und dem Fett mischen und in der Mikrowelle kurz aufwärmen.

Zucchinipfanne mit Manchego

KH pro Person 12 g

Für 2 Portionen
⏱ 25 Min.

2 Zwiebel (60 g) • 160 g Chorizo (spanische Paprika-Knob-lauch-Wurst) • 3 EL Olivenöl • 4 Zucchini (je 500 g) • Salz • 100 g gereifter Manchego (span. Schafskäse; siehe Tipp)

● Zwiebel abziehen und fein würfeln. Chorizo in kleine Würfel schneiden. Olivenöl erhitzen, Zwiebeln und Chorizo darin bei mittlerer Hitze anbraten.

● Zucchini waschen, putzen und in ca. 1 cm dicke Scheiben schneiden. Zu den Zwiebeln und der Wurst geben, untermischen, leicht salzen und weiterbraten. Manchego grob reiben.

● Wenn die Zucchini gegart, aber noch bissfest sind, die Hälfte des Gerichtes für den nächsten Tag beiseitestellen.

● Manchego über die verbliebene Zucchinipfanne streuen und abgedeckt kurz schmelzen lassen.

Variante Das Gericht schmeckt auch ohne Wurst. Dann eine feingeschnittene Knoblauchzehe mit den Zwiebeln anbraten und die Zucchini zusätzlich mit weißem Pfeffer würzen.

Tipp Manchego gibt es in verschiedenen Reifestufen. Zu diesem Gericht passt am besten ein »curado« oder »viejo«. Curado reift 3–6 Monate, ist noch relativ weich und hat einen mildnussigen Geschmack. Manchego viejo ist mindestens 12 Monate gereift, härter in der Konsistenz mit einer scharf-würzigen Geschmacksnote.

Zucchinipfanne mit Tomaten

KH pro Person 21 g

Für 2 Portionen
⏱ 12 Min.

1 Dose Pizzatomaten (400 g) • getr. Basilikum • Salz • Pfeffer • rosenscharfes Paprikapulver • 2 Portionen Zucchinipfanne (s. links) • 1 EL Olivenöl • 100 g Ziegenfrischkäse • 1 EL Paprikamark • 50 g Kräuter-Crème-fraîche • 1 gestr. TL Johannisbrotkernmehl

● Pizzatomaten erhitzen, Basilikum dazugeben, mit Salz, Pfeffer und Paprikagewürz pikant abschmecken.

● Zucchinigericht vom Vortag mit Olivenöl kurz in einer Pfanne erhitzen. Ziegenfrischkäse über die Zucchini krümeln, abgedeckt kurz heiß werden lassen.

● Paprikamark und Crème fraîche in die Tomatensauce einrühren. Dann zunächst nur ¼ TL Johannisbrotkernmehl einrühren und die Sauce etwas andicken. Ggf. noch etwas mehr von dem Mehl zufügen.

● Die Tomatensauce neben den Zucchini auf den Tellern anrichten.

Tipp Sie können die Tomatensauce auch bereits zu Hause vorbereiten. Geben Sie dann das Olivenöl über die in der Mikrowelle erhitzten Zucchini.

Linseneintopf mit Mettwürstchen

KH pro Person 34 g

Für 2 Portionen
⊘ 60 Min.

120 g Möhren • 75 g Knollensellerie • 120 g festkochende Kartoffeln • 1 Lauchstange • 1 Zwiebel • 2 EL Butterschmalz • 800 ml Waldpilzfond (oder Rinderfond) • 200 g kleine braune Linsen (Berglinsen) • 2 Mettwürstchen (Kohlwürste, Mettenden, je ca. 75 g) • 1 Bd. glatte Petersilie • Salz • Pfeffer • getr. Majoran • Essig zum Servieren

● Möhren waschen, putzen und in Scheiben schneiden. Das Selleriestück schälen, putzen und fein würfeln. Kartoffeln schälen, abspülen und grob würfeln.

● Lauchstange putzen, längs einschneiden, die Schichten auffächern und den Lauch unter fließendem Wasser gründlich waschen. Die Stange in 1 cm dicke Ringe schneiden.

● Zwiebel abziehen und klein würfeln. Butterschmalz erhitzen und die Zwiebeln darin glasig dünsten. Den Fond dazugießen, aufkochen.

● Die Linsen in einem Sieb waschen und in den Topf geben. Offen 5 Min. köcheln lassen. Das Gemüse, bis auf den Lauch, und die Mettwürste zufügen. Alles 15 Min. halb zugedeckt weiterkochen. Dann den Lauch zufügen und noch ca. 10 Min. mitgaren.

● Petersilie waschen, trocken schütteln, die Blätter fein wiegen. Den Eintopf mit Salz, Pfeffer und Majoran würzen. Die Hälfte davon (ohne Würstchen) abschöpfen und für den nächsten Tag aufbewahren.

● Petersilie über den verbliebenen Eintopf streuen. Bei Tisch kann jeder nach Belieben mit Essig würzen.

... und mit Tomaten

KH pro Person 39 g

Für 2 Portionen
⊘ 10 Min.

400 g stückige Tomaten (Dose) • 2 Portionen Linseneintopf vom Vortag (s. links) • 1 EL Paprikamark • Salz • getr. Majoran • Tabasco • 2 Bockwürstchen

● Tomaten in den Linseneintopf einrühren und alles aufwärmen.

● Paprikamark einrühren. Mit Salz und Majoran nachwürzen und den Eintopf vorsichtig mit wenigen Tropfen Tabasco scharf abschmecken.

● Die Bockwürstchen hineingeben und mit aufwärmen.

Das passt dazu scharfer Senf zu den Würstchen

Nuss-Hackbraten mit Blumenkohlsauce

KH pro Person 15 g

Für 2 Portionen
🕑 30 Min. + ca. 45 Min. Backzeit

1 große Zwiebel (etwa 130 g) • 2 Knoblauchzehen • 2 Stängel Thymian • 2 Stängel Rosmarin • 1 Bd. glatte Petersilie • 250 g Tomaten • 40 g getrocknete Tomaten • 150 g Gruyère am Stück • 200 g Nussmischung • 1 EL Butterschmalz • 200 g Rinderhack • Salz • weißer Pfeffer • 1–2 EL scharfer Senf • 2 Eier • Mandelmehl nach Bedarf • Fett für die Form • 1 Blumenkohl • 4 EL Joghurt • 2 EL Sahne • Muskat

● Zwiebel und Knoblauch abziehen und fein würfeln. Thymian, Rosmarin und Petersilie fein wiegen. Frische Tomaten halbieren, Stielansätze entfernen und die Tomaten klein würfeln. Getrocknete Tomaten sehr fein schneiden. Den Käse fein reiben.

● Nüsse grob hacken und ohne Fett rösten, bis sie duften. Sofort aus der Pfanne nehmen. Das Butterschmalz erhitzen und darin Zwiebeln mit Knoblauch andünsten, in eine große Schüssel geben. Hackfleisch in die Pfanne geben, salzen, pfeffern und unter Wenden gar braten. Den Backofen auf 180 °C vorheizen.

● Die Nüsse im Mörser zu Mehl zerstoßen und in die Schüssel zu den Zwiebeln geben. Das gebratene Hack, Kräuter, Tomaten und Käse hinzufügen. Senf und Eier dazugeben, alles gut vermengen und evtl. nachwürzen. Wenn die Masse noch sehr feucht ist, mit etwas Mandelmehl andicken, bis sie formbar ist.

● Eine Kastenform (24 cm lang) einfetten. Die Masse einfüllen und etwa 45 Min. backen, bis der Braten fest ist.

● Blumenkohl waschen, putzen, Strunk abschneiden, schälen und klein schneiden, Röschen abtrennen. 2 cm Salzwasser aufkochen und den Blumenkohl darin in ca. 10–15 Min. weich garen. Fein pürieren. Joghurt und Sahne dazugeben und mit Salz, Pfeffer und Muskat abschmecken.

● Den Nussbraten halbieren, eine Hälfte für den nächsten Tag beiseitestellen. Den restlichen Braten in Scheiben schneiden und mit der Blumenkohlsauce servieren.

... und mit Tomatensauce

KH pro Person 11 g

Für 2 Personen
🕑 10 Min.

4 EL passierte Tomaten • 3 EL Doppelrahm-Frischkäse • Salz • Pfeffer • Tabasco • ½ Nuss-Hackbraten vom Vortag (s. links) • 1 Handvoll Basilikumblätter

● Tomaten und Frischkäse verrühren, mit Salz und Pfeffer würzen, mit Tabasco tropfenweise pikant abschmecken. Getrennt von Nussbraten und Basilikum einpacken.

● Mittags den Nussbraten in Scheiben schneiden und die Tomatensauce darübergeben. In der Mikrowelle erwärmen.

● Basilikumblätter waschen, trocken tupfen und klein schneiden. Darübergeben.

Tipp Hackbraten und Sauce schmecken auch kalt.

Lauch mit Hack

KH pro Person 15 g

Für 2 Portionen
⊘ 20 Min.

6 mittelgroße Stangen Lauch • Salz • 3 Knoblauchzehen •
1 EL Butterschmalz • 250 g Rinderhack • Kräuter der Provence • 3 Tomaten (ca. 300 g) • 100 g Feta • Pfeffer

● Von den Lauchstangen Wurzeln und dunkles Grün
entfernen. Nur den geschlossenen Teil der Stangen verwenden. Die äußere Blattlagen entfernen, die Stangen
längs bis zur Mitte einritzen, die Blattlagen auffächernd
und unter kaltem Wasser waschen. In einen Topf legen.

● Ca. 2 cm hoch Wasser angießen und salzen. Wasser
aufkochen und den Lauch darin 10–15 Min. köcheln lassen, bis er weich ist.

● Knoblauchzehen abziehen und sehr fein hacken. Butterschmalz in einer Pfanne erhitzen und die Knoblauchstückchen darin kurz andünsten. Das Rinderhack dazugeben und unter Wenden braten. Mit Kräutern der
Provence würzen.

● Tomaten waschen, trocknen, ohne Stielansätze in Stücke schneiden, unter das Hack rühren und einige Minuten mitgaren.

● Feta in Stücke schneiden und untermischen. Hack mit
Salz und Pfeffer abschmecken.

● Den Lauch aus dem Topf heben, kurz abtropfen lassen, 2 Stangen für den nächsten Tag beiseitelegen. Die
übrigen auf 2 Teller verteilen und die Hackmasse darübergeben.

... und mit Schinken und Käse

KH pro Person 5 g

Für 2 Portionen
⊘ 20 Min.

2 gegarte Stangen Lauch vom Vortag (s. links) • 80 g Serra-
noschinken (ca. 8 Scheiben) • 100 g Emmentaler am Stück

● Morgens den Emmentaler grob reiben. Alles separat
verpackt mitnehmen.

● Mittags die Lauchstangen in Schichten zerteilen und
bei jeder Stange zwischen die Blattlagen etwa 4 Scheiben Schinken legen, danach die Stangen wieder zusam-
mensetzen.

● Die gefüllten Lauchstangen auf einen Teller legen,
den Käse darüberstreuen und diesen in der Mikrowelle
schmelzen lassen.

Das passt dazu Low-Carb-Brötchen

Halbrohkost als Salat

KH pro Person 17 g

Für 2 Portionen
⊘ 50 Min.

1 Zwiebel • 500 g Weißkohl • 650 g Möhren • 2 EL Butterschmalz • 70 g Walnusskerne • 150 g Schmand • 1 EL Walnuss- oder Olivenöl • 1 TL Zitronensaft • Salz • Pfeffer

● Zwiebel klein würfeln. Weißkohl waschen und fein hobeln, die Streifen dann noch etwas kürzer hacken. Die Möhren putzen und fein raspeln.

● Butterschmalz in einem weiten Topf erhitzen, Zwiebeln darin andünsten. Weißkohl dazugeben und ca. 15 Min. bei mittlerer Hitze dünsten. Er soll seine Schärfe verlieren, aber noch leicht knackig sein.

● Walnüsse hacken und ohne Fett rösten, bis sie anfangen zu duften und leicht bräunen. Sofort aus der Pfanne nehmen. Die Hälfte für den nächsten Tag aufbewahren.

● Wenn der Weißkohl fertig gegart ist, Herd ausstellen. Die Hälfte des Kohls abnehmen und in einer Transportdose abkühlen lassen. Je die Hälfte Möhren und Schmand in den Topf sowie in die Transportdose geben. Untermischen und die Möhren im Topf kurz durchwärmen lassen (bei ausgeschalteter Kochstelle).

● Walnüsse, Öl und Zitronensaft dazugeben, alles gut mischen und mit Salz und Pfeffer abschmecken.

Variante Der Salat schmeckt auch kalt gut. Dafür den gegarten Weißkohl abkühlen lassen, bevor die Möhrenraspel untergemischt werden.

… und mit Hackfleisch

KH pro Person 17 g

Für 2 Portionen
⊘ 15 Min.

1 EL Butterschmalz • 200 g Rinderhack (oder Hackfleisch halb und halb) • Kohl-Möhren-Gemüse vom Vortag (s. links) • Salz • Pfeffer

● Butterschmalz erhitzen und das Rinderhack darin unter Wenden gar braten.

● Das Kohl-Möhren-Gemüse vom Vortag dazugeben und erwärmen. Mit Salz und Pfeffer abschmecken.

Tipp Sie können das Hackfleisch bereits am Vortag braten und alles zusammen nur noch erwärmen und abschmecken.

Hackbällchen in Tomatensuppe

KH pro Person 15 g

Für 2 Portionen
⊘ 30 Min.

Für die Tomatensuppe
1 Zwiebel • 2 Knoblauchzehen • 2 EL Olivenöl • 300 ml Rindfleischfond • 800 g passierte Tomaten • Salz • Pfeffer • Paprikapulver • Tabasco • Leinmehl (oder ein anderes Low-Carb-Mehl)

Für die Hackbällchen
1 Zwiebel • 1 Bund Oregano • 300 g Hackfleisch halb und halb • 2 EL Mandelmehl • Salz • Pfeffer • ½ EL scharfer Senf • 1 Messerspitze Sambal Oelek

● Für die Tomatensuppe Zwiebel und Knoblauchzehen abziehen und fein schneiden. Olivenöl in einem Topf erwärmen und beides darin glasig dünsten. Fleischfond und passierte Tomaten dazugießen, umrühren und mit Salz, Pfeffer, Paprikapulver und wenigen Tropfen Tabasco abschmecken. Nach Bedarf Suppe kochend mit etwas Leinmehl andicken (einstäuben und einrühren). Warm halten.

● Für die Hackbällchen die Zwiebel abziehen, klein würfeln und jeweils die Hälfte davon in je eine Schüssel geben. Oregano waschen, die Blätter fein wiegen. Jeweils die Hälfte auf die beiden Schüsseln verteilen. In jede Schüssel 1 EL Mandelmehl geben.

● Eine Hackportion mit Salz, Pfeffer, Senf und Sambal Oelek würzen, alles gut durchmischen, dann abschmecken. Der Hackteig darf ruhig kräftig gewürzt werden.

● Aus dieser Mischung Bällchen von etwa 2 cm Ø formen. Die Tomatensuppe aufkochen und die Bällchen darin 5 Min. garen. Eine Kelle Tomatensuppe abschöpfen und in eine Schüssel geben. Die Suppe mit den Bällchen kalt werden lassen und für den nächsten Tag im Kühlschrank aufbewahren.

Frikadellen mit Blumenkohl

KH pro Person 14 g

Für 2 Portionen
⊘ 25 Min.

1 kleine Möhre • ½ Hackfleischportion (s. links) • Salz • Pfeffer • getr. Thymian • getr. Basilikum • 1 EL scharfer Senf • 2 EL Butterschmalz • ½ Rezept Rosen-Blumenkohl-Püree (Seite 98) • etwas Tomatensauce (s. links)

● Möhre schälen, putzen, fein reiben und mit der 2. Hackfleischportion vermengen. Den Fleischteig mit Salz, Pfeffer, Thymian, Basilikum und Senf würzen und abschmecken.

● Butterschmalz in einer Pfanne erhitzen, aus dem Hackfleisch mit den Händen Frikadellen formen und von beiden Seiten im Butterschmalz braun braten.

● Das Kohl-Püree mit der zurückbehaltenen Tomatensauce portionieren, die Frikadellen dazu anrichten.

Rote Linsensuppe mit Lamm

KH pro Person 35 g

Für 2 Portionen

⊘ 70 Min.

400 g Lammfleisch aus der Keule (ohne Knochen) • 2 Zwiebeln • 2 Knoblauchzehen • 2 EL Olivenöl • getr. Majoran • Korianderpulver • Paprikapulver • Zimt • Salz • Pfeffer • 800 ml Waldpilzfond (oder Lamm- oder Gemüsefond) • 4 Lorbeerblätter • 200 g rote Linsen • 150 g Möhren • 200 g Zucchini • 1 kl. Aubergine • 1 Fleischtomate (140 g) • 1 Bd. Petersilie

● Lammfleisch in kanpp 2 cm große Würfel schneiden. Zwiebeln und Knoblauchzehen abziehen und klein würfeln.

● Olivenöl in einem großen Topf erhitzen, Zwiebeln und Knoblauch darin kurz andünsten. Lammfleisch dazugeben und kurz scharf anbraten. Majoran, Koriander, Paprikapulver und Zimt dazugeben und kurz mitbraten. Mit Salz und reichlich Pfeffer würzen.

● Wenn das Fleisch rundum braun und durchgegart ist, mit Fond auffüllen, etwas Majoran und die Lorbeerblätter dazugeben und alles ca. 20 Min. köcheln lassen.

● Linsen waschen und abtropfen lassen. Möhren und Zucchini schälen, putzen, in 5 mm große Würfel schneiden. Aubergine waschen, putzen und in ca. 1 cm große Würfel schneiden. Tomate waschen, halbieren, Stielansatz entfernen und die Tomate in Stücke schneiden.

● Nach 20 Min. Linsen in den Topf geben. Nach weiteren 10 Min. Möhren- und Auberginenstücke dazugeben. Nach weiteren 5 Min. Zucchini- und Tomatenstücke dazugeben und alles zusammen noch 15 Min. garen. Petersilie waschen, trocken schütteln, Blätter abzupfen und fein wiegen.

● Aus dem fertigen Eintopf die Lorbeerblätter herausnehmen und die Hälfte des Eintopfs (ohne Fleisch) für den nächsten Tag pürieren. Die andere Hälfte des Eintopfs mit der Hälfte der Petersilie bestreut servieren. Die übrige Petersilie zum Mitnehmen für den nächsten Tag verpacken.

Rote Linsencremesuppe

KH pro Person 37 g

Für 2 Portionen

⊘ 5 Min.

2 Portionen roter Linseneintopf vom Vortag (s. links) • scharfes Currypulver • 125 g Crème double • Salz • Pfeffer • ½ Bund gehackte Petersilie vom Vortag (s. links)

● Den pürierten Linseneintopf vom Vortag in der Mikrowelle erhitzen und mit Currypulver abschmecken.

● Crème double in die Suppe einrühren und diese nochmals mit Salz und Pfeffer abschmecken. Die Petersilie unter die heiße Suppe rühren.

Lamm-Pilz-Eintopf mit Zucchini

KH pro Person 29 g

Für 2 Portionen
⊘ ca. 80 Min.

80 g Cashewkerne • 80 g Walnüsse • 3 Zwiebeln • 2 Knoblauchzehen • 4 Kräuterseitlinge (oder Shiitake) • 800 g Lammfleisch (aus der Keule) • 4 EL Olivenöl • Salz • Pfeffer • getr. Rosmarin • gem. Koriander • 2 TL Paprikamark • 600 ml Pilzfond (oder Rinderfond) • Zimt • Ingwerpulver • 2 Zucchini • 4 EL Preiselbeeren (Glas)

● Cashewkerne und Walnüsse grob hacken. Zwiebeln und Knoblauch abziehen und klein würfeln. Pilze trocken putzen und in Scheiben schneiden. Lammfleisch in gut 2 cm große Würfel schneiden.

● Kerne und Nüsse in einer Pfanne rösten, bis sie angenehm duften und die Cashewkerne leicht bräunen. Zur Seite stellen.

● 2 EL Olivenöl in der Pfanne erhitzen und darin ⅔ der Zwiebeln und den Knoblauch kurz anschwitzen. Lammfleisch dazugeben und bei hoher Hitze rundum scharf anbraten. Mit Salz, Pfeffer, Rosmarin und Koriander würzen. Auf mittlere Hitze stellen, die Pilze kurz mitbraten, das Paprikamark dazugeben und ebenfalls kurz mitbraten.

● Den Fond dazugießen, die Nüsse zufügen, Zimt und Ingwer dazugeben und alles mindestens 45 Min. zugedeckt leicht köcheln lassen.

● Zucchini längs halbieren und in ½ cm dicke Scheiben schneiden. Nach 45 Min. die Hälfte des Lammeintopfes umfüllen und abkühlen lassen, später kühl stellen.

● 2 EL Olivenöl in einer Pfanne erhitzen, zurückbehaltene Zwiebeln darin glasig dünsten, dann die Zucchini hinzufügen, salzen, pfeffern und braten, bis sie gar, aber noch bissfest sind.

● Preiselbeeren an die Lammsauce geben, den Eintopf abschmecken und mit der Zucchinipfanne servieren.

... und mit Paprika

KH pro Person 18 g

Für 2 Portionen
⊘ 30 Min.

10 g getrocknete Tomaten • ½ Rezept Lamm-Pilz-Eintopf vom Vortag (s. links) • 2 grüne Paprikaschote • 1 rote Paprikaschote • 1 gelbe Paprikaschote • Paprikagewürz • Salz • Pfeffer • 100 g Schmand

● Getrocknete Tomaten in feine Streifen schneiden und zum Lammeintopf geben. Diesen aufkochen und zugedeckt köcheln lassen.

● Paprika waschen, putzen und in Streifen schneiden. Zum Gericht dazugeben und in ca. 10 Min. bissfest garen.

● Mit Paprikagewürz, Salz und Pfeffer würzen, den Schmand unterrühren und das Gericht servieren.

Tipp Sie können das Gericht bereits komplett am Vorabend fertigstellen und im Büro in der Mikrowelle erwärmen.

Lammtopf süßsauer

KH pro Person 11 g

Für 2 Portionen
⊘ 60 Min.

2 Zwiebeln • 3 Knoblauchzehen • 700 g Lammfleisch (aus der Keule) • 2 EL Olivenöl • Kräuter der Provence • Salz • Pfeffer • 2 EL Paprikamark • 500 g passierte Tomaten • 2 kl. Zucchini • 2 kl. Auberginen • 150 g Dillgurken (Glas) • 16 mit Frischkäse gefüllte Mini-Pepperoni (Glas) • 1 Handvoll Basilikumblätter • 400 g Konjaknudeln (Abtropfgewicht) • 100 g Sahne

● Zwiebeln und Knoblauchzehen abziehen und klein schneiden. Lammfleisch waschen und trocken tupfen. In gut 2 cm große Würfel schneiden.

● Öl erhitzen, Gulasch darin bei hoher Hitze anbraten, Zwiebel und Knoblauch zugeben, mit der Kräutermischung, Salz und Pfeffer würzen. Paprikamark hinzufügen und kurz mit anbraten.

● Passierte Tomaten einrühren und das Fleisch zugedeckt 20 Min. bei kleiner Hitze köcheln lassen.

● Zucchini und Auberginen waschen, putzen und in mundgerechte Stücke schneiden. Dillgurken und Mini-Peperoni klein schneiden. Alles zum Fleisch geben, weitere 20–30 Min. kochen, bis das Fleisch zart ist.

● Die Hälfte des Schmortopfs für den nächsten Tag beiseitestellen.

● Basilikumblätter waschen, klein zupfen oder schneiden und unter das verbliebene Schmorfleisch rühren. Konjaknudeln in ein Sieb geben, mit Wasser abspülen und ebenfalls zum Lammtopf geben, zum Schluss die Sahne einrühren.

... und mit Feta

KH pro Person 14 g

Für 2 Portionen
⊘ 8 Min.

½ Lammtopf vom Vortag (s. links) • 200 g Feta • 1 Bund Petersilie • 150 g Schmand

● Lammtopf vom Vortag aufwärmen. Feta zerkrümeln und hinzufügen.

● Petersilie waschen, trocken schütteln, Blätter abzupfen und fein wiegen.

● Schmand in den Lammeintopf einrühren. Topf von der Kochstelle nehmen, die Petersilie einstreuen und genießen.

Tipp Sie können den Feta auch am Vorabend schon zerkrümeln und die Petersilie bereits fein wiegen. Packen Sie beides getrennt ab. Erwärmen Sie im Büro den Lammtopf kurz in der Mikrowelle und rühren Sie Feta und Petersilie ein.

Süßsaurer Gulaschtopf

KH pro Person 10 g

Für 2 Portionen
⊘ 75 Min.

3 Zwiebeln • 2 Knoblauchzehen • 1 EL Butterschmalz •
400 g Schweinegulasch • Salz • Pfeffer • Paprikapulver •
Chilipulver • getr. Basilikum • 250 g stückige Tomaten
(Dose) • 100 ml Rinderfond (oder -brühe) • 2 gelbe Pap-
rika • 1 Schlangengurke • 10 Scheiben eingelegte Dillgurke
(Glas, ca. 100 g)

● Zwiebeln klein würfeln. Knoblauchzehen fein schneiden. Butterschmalz erhitzen, Zwiebeln und Knoblauch
darin glasig dünsten.

● Gulasch in mundgerechte Stücke schneiden. Die
Zwiebeln aus der Pfanne nehmen und das Fleisch in der
Pfanne bei starker Hitze von allen Seiten anbraten. Dann
die Hitze reduzieren, die Zwiebeln wieder dazugeben.
Mit Salz und allen anderen Gewürzen würzen. Tomaten
und Rinderfond dazugeben, aufkochen. Das Fleisch in
der Brühe 45 Min. köcheln lassen.

● Paprika waschen, putzen und in ca. 2 cm große Stücke
schneiden. Gurke schälen, vierteln und quer in kleine
Stücke schneiden. Paprika und Gurke unter das Fleisch
mischen und mitköcheln lassen. Die Dillgurken klein
schneiden und dazugeben.

● Nach 45 Min. Garzeit das Gulasch abschmecken, evtl.
nachwürzen.

● Die Hälfte für den nächstenTag beiseitestellen. Das
Gulasch heiß servieren.

Das passt dazu Low-Carb-Brot

Tipp Verwenden Sie Bio-Schlangengurken, die sind
nicht so wässrig.

... und süßsaure Gulasch-kaltschale

KH pro Person 11 g

Für 2 Portionen
⊘ 10 Min.

Gulaschtopf vom Vortag (s. links) • 1 Bd. Dill • 1 Handvoll
Borretsch (oder Kerbel oder Zitronenmelisse) • ½ Bd. Petersilie

● Den Gulaschtopf rechtzeitig aus dem Kühlschrank
nehmen, damit er nicht zu kalt ist.

● Die frischen Kräuter waschen, die Blätter fein wiegen
und an die kalte Gulaschsuppe geben. Den Gulaschtopf
kalt servieren.

Tipp Die kalte Gulaschsuppe schmeckt sehr erfrischend
und ist an heißen Tagen hervorragend als Hauptmahlzeit geeignet.

Schweinelendchen mit Rosenkohl

KH pro Person 10 g

Für 2 Portionen
⊘ 40 Min.

350 g Rosenkohl • 5 Stangen Staudensellerie (ca. 250 g) • 480 g Schweinelendchen • Salz • Pfeffer • 1 Bund Frühlingszwiebeln • 2 Zweige Rosmarin • 2 Knoblauchzehen • 1 walnussgroßes Stück Ingwer • 2 EL Butterschmalz

● Vom Rosenkohl die äußeren Blätter entfernen, Röschen unten etwas nachschneiden und alles waschen. Große Röschen halbieren. Staudensellerie waschen, putzen und in fingerbreite Stücke schneiden. In ca. 1 cm Wasser ca. 13 Min. köcheln lassen.

● Schweinelendchen in dicke Scheiben schneiden und von beiden Seiten salzen und pfeffern.

● Frühlingszwiebeln putzen, waschen und ohne die dunkelgrünen Blatteile in Röllchen schneiden. Rosmarinzweige waschen und die Nadeln abzupfen. Knoblauchzehen abziehen und klein schneiden. Ingwer schälen und klein schneiden. Die Hälfte des Knoblauchs und den gesamten Ingwer zusammen sehr fein wiegen.

● Ingwer-Knoblauchpüree mit Frühlingszwiebeln in 1 EL Butterschmalz braten. In einer 2. Pfanne die Hälfte der Knoblauchstückchen mit den Rosmarinnadeln in 1 EL Butterschmalz kurz anbraten.

● Die Schweinelendchen dazugeben, kurz bei hoher Hitze anbraten, dann bei mittlerer Hitze weiterbraten, umdrehen und wieder kurz heiß anbraten, dann bei kleinerer Hitze bräunen.

● Wenn der Rosenkohl gar, aber noch bissfest ist, diesen mit dem Staudensellerie in einem Sieb abtropfen lassen. Gemüsebrühe auffangen. Rosenkohl und Sellerie zu den Frühlingszwiebeln geben und anbraten.

● Das Gemüse mit gut der Hälfte der Schweinelendchen anrichten. Das restliche Fleisch für den nächsten Tag aufbewahren.

... und mit Tomatensalat

KH pro Person 5 g

Für 2 Portionen
⊘ 15 Min.

1 Gemüsezwiebel • 3 Fleischtomaten • 10 Basilikumblätter • 2 EL Olivenöl • 1 EL Zitronensaft • 1 EL Schmand • Salz • Pfeffer • gebratenes Schweinelendchen vom Vortag (s. links)

● Zwiebel klein würfeln und in eine Salatschüssel geben. Fleischtomaten waschen, halbieren, Stielansatz entfernen und in mundgerechte Stücke schneiden. Mit den Zwiebeln mischen. Basilikum klein schneiden, aber einige Blätter zur Verzierung ganz lassen.

● Öl, Zitronensaft, Schmand und Basilikum mischen, salzen und reichlich pfeffern. Die Sauce unter die Tomaten rühren. Ganze Basilikumblätter auf den Salat streuen.

● Die Schweinelendchen kalt oder aufgewärmt dazu essen.

Tipp Sie können die Zwiebel bereits zu Hause schneiden und eintuppern. Auch das Dressing inklusive der Basilikumstreifen können Sie vorbereiten. Schneiden Sie aber die Tomaten bitte erst kurz vor dem Verzehr.

Gurken-Zucchini-Topf mit Schweinefilet

KH pro Person 10 g

Für 2 Portionen
⊘ 25 Min.

2 Salatgurken • 2 Zucchini (je ca. 260 g) • 2 Kohlrabi (je ca. 360 g) • Salz • 1 Handvoll Borretschblätter (oder 5 Stängel Dill) • 350 g Schweinefilet • Pfeffer • getr. Kerbel • 100 g Schmand • 2 EL Butterschmalz • getr. Thymian

● Gurken schälen, Enden abschneiden, Gurken längs vierteln und in etwa 1 cm große Würfel schneiden. Zucchini waschen, putzen und etwa gleich groß würfeln. Kohlrabi schälen und etwa ebenso groß würfeln.

● In einen Topf 2 cm hoch Wasser geben, salzen, aufkochen und das gesamte Gemüse darin in etwa 5 Min. bissfest garen.

● Borretschblätter waschen, trocken tupfen und fein wiegen. Das Schweinefilet in etwa 2 cm dicke Scheiben schneiden und jede etwas klopfen, z. B. mit einem Pfannenwender. Mit Salz und reichlich Pfeffer von beiden Seiten würzen.

● Wenn das Gemüse bissfest ist, mit dem Wasser in ein Sieb gießen und dann wieder zurück in den Topf geben. Den Borretsch dazugeben. Mit wenig Kerbel abschmecken. Schmand untermischen. Die Hälfte des Gemüses für den nächsten Tag herausnehmen, den Rest warm halten.

● Butterschmalz in einer Pfanne erhitzen und die Fleischstücke je nach Dicke 3–5 Min. von jeder Seite braun braten. Auf Tellern anrichten, mit Thymian bestreuen, das Gemüse dazu servieren. Mit der Bratensauce beträufeln.

… und Gurken-Zucchini-Salat mit Frikadellen

KH pro Person 12 g

Für 2 Portionen
⊘ 5 Min.

4 Stängel Dill • Gurken-Zucchini-Kohlrabi-Gemüse vom Vortag (s. links) • Salz • Pfeffer • 4 fertige Frikadellen (Seite 43)

● Morgens Dill waschen, trocken tupfen, die Blätter abzupfen und fein hacken. Unter das Gemüse mengen.

● Das Gemüse mit Salz und Pfeffer abschmecken und ebenso wie die Frikadellen bis zum Verzehr Zimmertemperatur annehmen lassen, dann zusammen servieren.

Klassische Rouladen

KH pro Person 4 g

Für 2 Portionen
20 Min. + ca. 15 Min. Bratzeit + 1–1,5 Std. Garzeit

30 g getrocknete würzige Pilze • 50 g Walnüsse • 50 g Cashewkerne • 4 Rindsrouladen (aus der Oberschale, je Roulade ca. 200 g) • Salz • weißer Pfeffer • 1½ EL Senf • 1 Gewürzgurke • 1 kleine Zwiebel (35 g) • 4 TL Butterschmalz • 50 g TK-Kräutermischung • 4 Scheiben Bacon • 8 Zahnstocher • 1 EL Paprikamark • ca. 400 ml Rinderfond (oder Fleischbrühe)

● Pilze zerkleinern und in warmem Wasser einweichen. Walnüsse und Cashewkerne mittelfein hacken. Rouladen auf der Oberseite salzen und pfeffern, mit der Hälfte des Senfs bestreichen.

● Gewürzgurke längs vierteln. Zwiebel klein würfeln und in 1 TL Butterschmalz glasig dünsten. Mit der Hälfte der TK-Kräuter mischen.

● 2 Rouladen mit je 2 Scheiben Bacon belegen. Die Zwiebel-Kräuter-Mischung darüber verteilen und an den Enden je zwei Viertel der Gewürgurken quer auflegen. Längsseiten des Fleisches etwas einschlagen, dann die Rouladen längs aufrollen und das Fleisch mit je 2 Zahnstochern befestigen.

● Pilze abgießen, mit gehackten Nüssen und restlichen TK-Kräutern gut mischen. Die 2 übrigen Rouladen mit der Nuss-Kräutermischung bestreichen, das Fleisch wie beschrieben aufrollen und fixieren.

● 3 TL Butterschmalz erhitzen und die Rouladen darin in ca. 15 Min. rundum scharf (dunkelbraun) anbraten. Paprikamark dazugeben und mit dem Fond so weit aufgießen, dass die Rouladen halb bedeckt sind. Deckel auflegen und 1–1½ Std. schmoren, bis das Fleisch schön weich geworden ist. Mit der Hälfte der Bratensauce servieren.

Das passt dazu Speckklöße (Seite 56)

Tipp Rouladen lassen sich gut wieder aufwärmen, die Sauce schmeckt dann sogar noch intensiver. Sie eignen sich auch sehr gut zum Einfrieren. Deshalb: Am besten mehrere vorbereiten.

… und mit Nuss-Pilzfüllung

KH pro Person 11 g

Für 2 Portionen
5–10 Min.

2 Rouladen mit Nuss-Pilzfüllung vom Vortrag (s. links) • 1 EL Butter

● Die Rouladen mit Nuss-Pilz-Füllung in der am Vortag zurückbehaltenen Sauce erhitzen und anrichten.

Das passt dazu TK-Rahmwirsing. Lassen Sie ihn beim Transport und später im Kühlschrank leicht antauen und dann in ca. 6 Min. in der Mikrowelle garen. Geben Sie erst dann die Rouladen dazu und erhitzen Sie sie kurz mit.

Rouladen mit Bohnen-Tofu-Gemüse

KH pro Person 20 g

Für 2 Portionen
⏱ 15 Min. + ca. 15 Min. Bratzeit + 1–1½ Std. Garzeit

Für die Rouladen
100 g gesalzene Erdnüsse • 1 Zwiebel • 2 EL Butterschmalz • einige Stängel Minze • 1 Bd. Petersilie • 4 Rindsrouladen (aus der Oberschale, je Roulade ca. 200 g) • Salz • Pfeffer • 1 EL Feigensenf • 4 Baconscheiben (je 15 g) • 4 Cornichons • 8 Zahnstocher • 1 EL Paprikamark • ca. 400 ml Rinderfond (oder Fleischbrühe)

Für das Bohnen-Tofu-Gemüse
500 g grüne Bohnen • Salz • 1 kleine Zwiebel • 200 g fester Tofu • 1 EL Butterschmalz • 3 EL passierte Tomaten • etwas Bohnenkraut

Für die Birnen-Speck-Mischung
1 grüne Birne • 1 TL Butterschmalz • 50 g gewürfelter Schinkenspeck

● Erdnüsse fein hacken. Zwiebel klein würfeln und in 1 EL heißem Butterschmalz glasig dünsten. Minze und Petersilie fein wiegen. Rouladen auf der Oberseite salzen und pfeffern. Mit Senf bestreichen und mit je 1 Baconscheiben belegen. Erdnüsse, Zwiebeln, Minze und Petersilie mischen und auf den Rouladen verteilen.

● Cornichons längs in Scheiben schneiden und auf jede Roulade die Scheiben von 1 Gurke quer auflegen. Längsseiten des Fleisches etwas einschlagen, dann die Rouladen am Gurkenende beginnend einrollen, mit je 2 Zahnstochern feststecken.

● Die Rouladen in 1 EL Butterschmalz ca. 15 Min. rundum scharf anbraten. Paprikamark dazugeben und mit Fond so weit aufgießen, dass die Rouladen halb bedeckt sind. Rouladen zugedeckt 1–1½ Std. schmoren, bis das Fleisch schön weich geworden ist.

● Bohnen waschen, putzen und je nach Größe halbieren oder dritteln. In etwas Salzwasser in 10–15 Min. bissfest garen. Zwiebel klein schneiden, Tofu ca. 1,5 cm groß würfeln. Beides in Butterschmalz hellbraun anbraten. Passierte Tomaten dazugeben.

● Für das Bohnen-Birnen-Gemüse für den nächsten Tag Birne schälen, vierteln, das Kernhaus entfernen und die Birnenspalten quer in schmale Scheiben schneiden.

● 1 TL Butterschmalz erhitzen, Speck kurz anbraten und die Birne dazugeben. Zugedeckt ca. 15 Min. schmoren lassen. Abgekühlt zum Mitnehmen einpacken.

● Fertige Bohnen mit etwas Bohnenkraut verfeinern und die Hälfte für den nächsten Tag zur Seite stellen. Zwiebeltofu unter die übrigen Bohnen mischen, mit 2 Rouladen und etwas von dem Bratensud servieren. Die übrigen Rouladen mit etwas Bratensud für den nächsten Tag aufbewahren.

… und mit Bohnen-Birnen-Gemüse

KH pro Person 22 g

Für 2 Portionen
⏱ 5 Min.

Birnen-Speck-Mischung vom Vortag (s. links) • 2 Portionen Bohnengemüse vom Vortag (s. links) • 2 Rouladen mit Bratensud vom Vortag (s. links) • 2 EL Schmand

● Birnen-Speck-Mischung und Bohnengemüse mischen. Zusammen mit den Rouladen und dem Bratensud 1–2 Min. in der Mikrowelle erhitzen. Schmand unter das Bohnen-Birnen-Gemüse mischen und genießen.

Rosen-Blumenkohl-Nocken mit Entenbrust

KH pro Person 16 g

Für 2 Portionen
⏱ 40 Min.

70 g Cashewkerne • ½ Bd. Petersilie • 700 g Rosenkohl • 1 kl. Blumenkohl • Salz • 300 g Entenbrust • Pfeffer • getr. Thymian • ½ EL Butterschmalz • Muskat • 75 ml Crème légère

● Cashewkerne grob hacken und in einer heißen Pfanne ohne Fett hellbraun rösten. Sofort herausnehmen. Petersilie waschen, trocken schütteln, die Blättchen abzupfen und fein wiegen.

● Rosenkohl waschen und putzen, jedes Röschen unten an der Schnittstelle kreuzweise einritzen. Blumenkohl waschen, putzen und in Röschen zerlegen. Strunk schälen, in ca. 1,5 cm große Stücke schneiden. In einem großen Topf einige Zentimeter hoch Wasser und etwas Salz aufkochen. Beide Kohlsorten hineingeben und in 12–15 Min. zugedeckt weich kochen.

● Entenbrust kurz kalt abbrausen und trocken tupfen. Die fette Haut mit einem scharfen Messer mehrmals längs und quer einschneiden (nicht ins Fleisch hineinschneiden!), sodass ein Gittermuster entsteht. Die Hautseite mit Salz, Pfeffer und Thymian einreiben

● Entenbrust im heißen Butterschmalz mit der Hautseite nach unten bei mittlerer Hitze in 3–5 Min. kross braten. Die Fleischseite mit Salz und Thymian würzen.

● Entenbrust umdrehen, 1–2 Min. bei mittlere Hitze braten, danach bei kleiner Hitze 3–4 Min. weiterbraten. Die Entenbrust noch einmal umdrehen, also auf die Hautseite legen, und die Haut kurz nachbraten.

● Beide Kohlsorten in ein Sieb abgießen abtropfen lassen, jeweils die Hälfte abnehmen und für den nächsten Tag beiseitelegen. Den restlichen Kohl zusammen mit den Cashewkernen pürieren. Mit Salz und Muskat abschmecken.

● Crème légère und Petersilie unter das Kohlpüree rühren und mit zwei Löffeln Nocken formen. Zur Entenbrust servieren.

Rosen-Blumenkohl-Salat mit Tomaten

KH pro Person 24 g

Für 2 Portionen
⏱ 10 Min.

3 Tomaten (ca. 450 g) • ½ Bd. Petersilie • 2 Portionen Rosen-Blumenkohl vom Vortag (s. links) • 1 Handvoll Basilikumblätter • 75 g Crème légère • 1 TL Tahin (Sesampaste) • 1 EL Worcestersauce • Salz • Pfeffer • 4 Scheiben Möhrenbrot (Seite 34) oder anderes Low-Carb-Brot

● Tomaten waschen und ohne Stielansätze klein würfeln. Petersilie waschen, trocken schütteln, Blätter abzupfen und fein wiegen. Basilikumblätter grob schneiden oder zupfen. Alles zu Rosen- und Blumenkohl geben.

● Crème légère, Tahin und Worcestersoße verrühren und unter den Salat mischen. Mit Salz und Pfeffer abschmecken. Mit dem Brot genießen.

Das passt dazu Statt Brot schmecken zu dem Salat auch Frikadellen (Seite 43).

Austernpilze mit Fisch

KH pro Person 9 g

Für 2 Portionen
⊘ 35 Min.

Für die Pilze
3 kl. Zwiebeln (150 g) • 2 Knoblauchzehen • 400 g Chicorée (4 kl. Köpfe) • 400 g Austernpilze • 4 EL Butterschmalz • weißer Pfeffer • Ingwerpulver • 3 EL Sojasauce
Für den Fisch
300 g Fischfilet (z. B. Seelachs) • Salz • weißer Pfeffer • 4 EL Zitronensaft • 150 ml Fischfond

● Für die Pilze Zwiebeln und Knoblauchzehen abziehen und klein würfeln. Chicorée waschen, putzen, unten abschneiden und die Blätter ablösen. Große Blätter einmal längs und quer halbieren, mittlere nur quer, und kleine ganz belassen. Die Austernpilze trocken putzen und in grobe Stücke schneiden.

● Butterschmalz in einer großen Pfanne erhitzen und Zwiebeln, Knoblauch und die Pilze darin bei starker Hitze 5–7 Min. unter gelegentlichem Wenden braten. Mit Pfeffer, Ingwer und Sojasauce würzen.

● Die Chicoréeblätter dazugeben und ca. 10 Min. mitschmoren lassen. Das Pilzgericht abschmecken. Gut die Hälfte abkühlen lassen und im Kühlschrank aufbewahren. Die andere Hälfte mit dem Fisch servieren.

● Fisch kalt abbrausen, trocken tupfen, jede Seite mit Salz und Pfeffer würzen und mit Zitronensaft beträufeln. In grobe Stücke schneiden und mit so viel Fischfond aufgießen, dass die Fischstücke halb bedeckt sind. Ca. 10 Min. leise köcheln lassen.

● Fisch unter die Pilze-Chicorée-Mischung heben und nach Belieben etwas vom Fond untermischen. Abschmecken und servieren.

... und mit Brötchen

KH pro Person 12 g

Für 2 Portionen
⊘ 10 Min.

Pilzgericht vom Vortag (s. links) • 2 Low-Carb-Brötchen

● Pilzgericht in der Mikrowelle aufwärmen und mit den Brötchen servieren.

Kohlrabi-Weißkohl-Gemüse mit Fisch

KH pro Person 15 g

Für 2 Portionen
⊘ 40 Min.

4 Seelachsfilets (ca. 500 g) • Zitronensaft zum Beträufeln • Salz • Pfeffer • 3 Kohlrabi (je ca. 350 g) • 600 g Weißkohl (geputzt) • 1 kl. Bd. Dill • 1 Bd. Petersilie • 2 EL Butterschmalz • Muskat • 150 g Kräuterfrischkäse • 2 EL Schmand • 2 EL Butter

● Fisch kalt abbrausen, trocken tupfen und jede Seite mit etwas Zitronensaft beträufeln. Mit Salz und Pfeffer würzen.

● Kohlrabi schälen und ca. 1 cm groß würfeln. Weißkohl waschen und in möglichst feine Streifen schneiden. Dill und Petersilie waschen, Wasser abschütteln, beide Kräuter getrennt fein schneiden.

● In einen Topf ca. 1 cm hoch Wasser zum Kochen bringen und salzen. Die Kohlstreifen darin ca. 7 Min. garen, dann die Kohlrabiwürfel dazugeben und in ca. 10 Min. bissfest garen.

● Butterschmalz auf mittlerer Stufe erhitzen, die Fischfilets hineingeben. Wenn der Fisch seine etwas glasige Konsistenz verliert und weiß wird, wenden und auf der 2. Seite garen, bis er weiß ist. Dann sofort die Pfanne von der Kochstelle nehmen, sonst wird der Fisch trocken. Garsud darüberträufeln und mit Dill bestreuen.

● Das bissfest gegarte Gemüse mit Pfeffer und Muskat abschmecken. Kräuterfrischkäse und Schmand zugeben. Alles gut verrühren und Petersilie untermischen. Die Hälfte des Gemüses in einen Vorratsbehälter abfüllen.

● Das übrige Gemüse auf 2 Tellern anrichten, den Fisch jeweils danebenlegen, mit Dill bestreuen. Butter in der Fischpfanne schmelzen lassen, die Sauce umfüllen und separat mit auftragen.

… und mit Frikadellen

KH pro Person 17 g

Für 2 Portionen
⊘ 8 Min.

4 tiefgekühlte Frikadellen (Seite 43) • ½ Rezept Kohlrabi-Weißkohlgemüse vom Vortag (s. links)

● Tiefgekühlten Frikadellen und das restliche Gemüse vom Vortag mit ins Büro nehmen. Die Frikadellen tauen den Vormittag über auf.

● Mittags die Frikadellen auf das Gemüse legen, das Gericht in der Mikrowelle oder in einem Topf kurz erwärmen.

Chinakohl mit Oliven

KH pro Person 10 g

Für 2 Portionen
◔ 30 Min.

750 g Chinakohlblätter • 1 große rote Paprika • 10 große grüne entsteinte Oliven in Öl (etwa 100 g) • 180 g Linsensprossen • 80 g Brokkolisprossen • 100 g Radieschensprossen • 50 g Mandelsplitter • 3 EL Crème légère • 3 EL Olivenöl • 2 EL Zitronensaft • Salz • Pfeffer • 1 Frühlingszwiebel

● Chinakohl waschen, trocken tupfen, die Blätter längs halbieren oder dritteln und quer in mundgerechte Streifen schneiden. Paprika waschen, trocknen, halbieren, Stiel und Kerne herauslösen und die Paprikahälften fein würfeln.

● Oliven aus dem Öl nehmen und in dünne Scheiben schneiden. Alle Sprossen waschen und in ein Sieb zum Abtropfen geben.

● Zwei Schüsseln bereitstellen: eine Servierschüssel und eine Transportschüssel mit Deckel. Alle bisher vorbereiteten Zutaten hälftig auf die Schüsseln aufteilen.

● Eine Pfanne ohne Fett erhitzen und die Mandelsplitter darin unter häufigem Rühren rösten, bis sie anfangen zu duften. Sofort in die Servierschüssel mit dem Salat geben. Crème légère, Olivenöl, Zitronensaft hinzufügen und alles gut untermischen, mit Salz und Pfeffer abschmecken.

● Die Frühlingszwiebel waschen und putzen. Die dunkelgrünen Blattteile werden nicht benötigt, den Rest in feine Ringe schneiden und unter die zweite Portion Salat mischen. Diese zweite Schüssel abgedeckt bis zum nächsten Tag im Kühlschrank aufbewahren.

... und mit Thunfisch

KH pro Person 11 g

Für 2 Portionen
◔ 10 Min.

2 Portionen Chinakohl-Salat vom Vortag (s. links) • 100 ml stückige Tomaten (Dose) • 3 Zweige Basilikum • 1 Dose Thunfisch natur (Abtropfgewicht ca. 140 g) • Salz • Pfeffer • 3 EL Olivenöl • 3 EL Limettensaft

● Salat erst kurz vor dem Verzehr zubereiten: Die Tomaten unter den Salat heben. Basilikumblätter fein schneiden und hinzufügen. Thunfisch aus der Dose abgießen, zerzupfen und unter den Salat mischen.

● Salat mit Salz und Pfeffer würzen. Zuletzt Olivenöl und Limettensaft untermischen.

Rotbarsch-Omelett

KH pro Person 18 g

Für 2 Portionen
⊘ 40 Min.

400 g Rotbarschfilet (4 kleine Filets) • Salz • weißer Pfeffer • 8 EL Zitronensaft • 800 g Möhren • 4 EL Butter • ½ Bd. Petersilie • 4 Eier • Cayennepfeffer • etwas kohlensäurehaltiges Mineralwasser

● Rotbarschfilets kurz kalt abbrausen und trocken tupfen. Mit Salz und Pfeffer würzen und beidseitig mit dem Zitronensaft beträufeln. Ziehen lassen.

● Möhren schälen, putzen und in feine Scheiben schneiden. Ca. 2 cm hoch Salzwasser zum Kochen bringen. Einen Dünsteinsatz in den Topf setzen, die Möhren hineingeben und etwa 10 Min. garen. Die Möhrenscheiben sollten gar, aber noch leicht bissfest sein.

● 1 EL Butter in einer Pfanne erhitzen und die Fischfilets darin von beiden Seiten garen, bis sie glasigweißlich sind. Die Hälfte der Filets für den nächsten Tag zurücklegen.

● Petersilie waschen, trocken schütteln, Blätter abzupfen und fein wiegen.

● Eier mit Salz, Pfeffer und wenig Cayennepfeffer würzen und mit einem guten Schuss Mineralwasser auf dem Teller verschlagen, auf dem vorher der Fisch lag.

● 300 g der Möhren für den nächsten Tag beiseitestellen, abkühlen lassen und später im Kühlschrank aufbewahren.

● Die Fischpfanne auswischen, 1 EL Butter darin erhitzen und verlaufen lassen. Die Hälfte der Eimasse mit einem Drittel der Petersilie hineingeben und so lange stocken lassen, bis Sie das Ei wenden können. Ein Fischfilet auf eine Omeletthälfte geben und die andere Hälfte darüber schlagen.

● Mit der zweiten Portion der Eimasse genauso verfahren: Auch daraus wird ein Fisch-Omelett.

● Die verbliebenen Möhren mit dem letzten Drittel der Petersilie und 1 EL Butter im Topf mischen, dann zu den Fisch-Ei Omelettes auf die Teller geben.

... und Blattgemüse-Fischpfanne

KH pro Person 12 g

Für 2 Portionen
⊘ 10 Min.

20 g Baby-Spinat • 20 g Rucola • Fisch vom Vortag (s. links) • gedünstete Möhren vom Vortag (s. links) • 350 g passierte Tomaten (Dose) • Salz • Pfeffer • Cayennepfeffer

● Spinat und Rucola waschen, putzen und die Blätter mindestens halbieren. In einem Gefrierbeutel mitnehmen.

● Den Fisch vom Vortag in mundgerechte Stücke schneiden. Mit Möhren und passierten Tomaten mischen und in eine Dose geben.

● Mittags das Fischgericht in der Mikrowelle erhitzen, mit Salz, Pfeffer und Cayennepfeffer abschmecken und nochmals in die Mikrowelle stellen.

● Spinat und Rucola unterrühren und das Gericht sofort genießen.

Rezeptregister

**Bibliografische Information
der Deutschen Nationalbibliothek**
Die Deutsche Nationalbibliothek verzeich-
net diese Publikation in der Deutschen
Nationalbibliografie; detaillierte bibliografische Daten sind im Internet über http://
dnb.d-nb.de abrufbar.

Programmplanung: Uta Spieldiener
Redaktion: Ursula Brunn-Steiner, Vaihingen/
Enz
Bildredaktion: Christoph Frick, Nadja
Giesbrecht
Testküche: Elke Hilbert

Umschlaggestaltung und Layout:
CYCLUS Visuelle Kommunikation, Stuttgart

Bildnachweis:
Umschlagfoto vorn: Stockfood
Fotos im Innenteil:
S. 14, 18: Tracy Pallmann, Berlin;
alle weiteren Fotos: Westermann + Buroh
Studios, Hamburg; Autorenfoto: privat

1. Auflage 2018

© 2018 TRIAS Verlag in
Georg Thieme Verlag KG
Rüdigerstraße 14, 70469 Stuttgart

Printed in Germany

Satz und Repro: Fotosatz Buck, Kumhausen
Gesetzt in Adobe InDesign CS6
Druck: AZ Druck und Datentechnik GmbH,
Kempten

Gedruckt auf chlorfrei gebleichtem Papier

ISBN 978-3-432-10527-7

Auch erhältlich als E-Book:
eISBN (ePub) 978-3-432-10529-1

1 2 3 4 5 6

Besuchen Sie uns auf facebook!
**www.facebook.com/
trias.tut.mir.gut**

Lassen Sie sich inspirieren!
**www.pinterest.com/
triasverlag**

Liebe Leserin, lieber Leser,

hat Ihnen dieses Buch weitergeholfen?
Für Anregungen, Kritik, aber auch für
Lob sind wir offen. So können wir in Zu-
kunft noch besser auf Ihre Wünsche ein-
gehen. Schreiben Sie uns, denn Ihre Mei-
nung zählt!

Ihr TRIAS Verlag

E-Mail Leserservice
Kundenservice@trias-verlag.de

Lektorat TRIAS Verlag
Postfach 30 05 04
70445 Stuttgart
Fax: 0711 89 31-748

Einfach effektiver abnehmen!

Mit der neuen **MADENA**-Methode optimieren und beschleunigen Sie Ihre Shake-Diät. Für gesunden und nachhaltigen Diäterfolg – ohne Hunger und ohne Jo-Jo-Effekt.

Das Abnehmen wird einfach, wenn der Fettabbau optimal funktioniert und man motiviert und energiegeladen bleibt. Starten Sie Ihre Diät mit **MADENA Pro**- Shakes als innovative Mahlzeit zur Gewichtsreduktion. **MADENA Pro** hat die gesunde Power aus pflanzlichem Eiweiß und hochkonzentriertem Granatapfel-Extrakt.

So funktioniert der 2-Phasen-Plan.

Aktivphase (Tag 1–6)
Zwei Mahlzeiten täglich bestehen aus einem **MADENA Pro**-Shake. Dazu mittags eine warme Mahlzeit. Diese Hauptmahlzeit sollte kalorien-reduziert und möglichst kohlen-hydratarm sein (z. B. viel Gemüse, Salat, Fisch oder Geflü-gel). Achten Sie darauf, ausreichend Flüssigkeit zu trinken. **Wichtig: ab dem ersten Tag Säure-Basen-Haushalt und Darmfunktion unterstützen.**

Nachhaltigkeitsphase (ab Tag 7)
Jetzt besteht nur noch eine Mahl-zeit am Tag aus einem **MADENA Pro**-Shake. Dies sollte die abendliche Mahlzeit sein, aber wenn notwendig kann man die Mahlzeiten auch tauschen. Diese Phase macht man so lange, bis man sein Wunschgewicht erreicht hat.

Holen Sie sich Ihren 14-Tage-Plan mit vielen Rezepten und Tipps.
Download unter www.madena-lifestyle.de/methode.

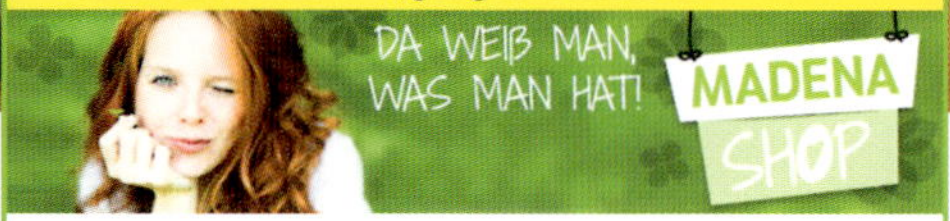

Die **MADENA**-Methode: viel mehr als eine Shake-Diät!

Die MADENA-Methode ist ein umfassendes Konzept für eine effektive Gewichtsabnahme. Drei Bestandteile sind wichtig, wenn Ihre Diät so effektiv wie möglich sein soll. Zu der Basis – den innovativen Shake-Mahlzeiten mit MADENA Pro – kommt die Unterstützung einer ausgeglichenen Säure-Basen-Balance und ein gut funktionierender Darm. Beides wird bislang häufig unterschätzt, hat aber sehr starken Einfluss auf den Verlauf und die Nachhaltigkeit Ihrer Diät.

„Qualität steht an erster Stelle."

Bei der Entwicklung der MADENA-Produkte steht für mich die Qualität im Vordergrund. Es werden nur beste Inhaltsstoffe in sorgfältiger Zusammensetzung verwendet.

MADENA-Gründer Rudolf Keil ist Apotheker für Offizinpharmazie, Gesundheits- und Ernährungsberatung.

1.

MADENA Pro – die neue Generation der Protein-Shakes.

Eine einzigartige Komposition hochwertigster Naturstoffe bewirkt, dass sich die positiven Eigenschaften der einzelnen Inhaltsstoffe ergänzen und gegenseitig verstärken:

- **Pflanzliche Protein-Power aus Reis und Erbsen** mit besserem Sättigungseffekt als bei tierischem Protein.
- **Besonders wertvoller Granatapfelextrakt** mit mehr als 50 % Polyphenolen.
- **Lösliche Ballaststoffe.**
- **Ein sinnvoller Gehalt an Vitaminen, Mineralstoffen und Spurenelementen.**

Madena Pro ist vegan, hypoallergen, frei von Konservierungs- und Süßstoffen, Gluten und Lactose. Es enthält weder Milch noch Soja.

2.

Jede Diät braucht Basen, denn Säure kann den Fettabbau beeinträchtigen.

Durch den Fettabbau während einer Diät entstehen sogenannte Ketosäuren. Diese Säuren können wiederum den Fettabbau bremsen. Für eine effektive Diät ist ein ausgeglichener Säure-Basen-Haushalt daher sehr wichtig.

BasenCitrate Pur bietet hier eine sinnvolle Unterstützung, denn es enthält basische Citrate, das sind spezielle organische Mineralstoffverbindungen, wie sie auch in Obst und Gemüse vorkommen. So ergänzen Sie Ihre Nahrung außerdem mit Magnesium, Kalium, Calcium, Zink und Vitamin D3.

Bringen Sie schon vor Ihrer Diät Ihre Säure-Basen-Balance in Hochform. Essen Sie basenreich, und nehmen Sie zusätzlich morgens und abends je einen Messlöffel **BasenCitrate Pur**.

3.

Prof. Dr. Axt-Gadermann: „So wichtig ist die Darmflora für den Diäterfolg."

In ihren Bestsellern schreibt Prof. Dr. Michaela Axt-Gadermann über den großen Einfluss, den unsere Darmbakterien auf die Prozesse in unserem Körper, insbesondere auf Gewicht und Gewichtsabnahme haben. Die Vorteile einer optimal funktionierenden Darmflora beschreibt Prof. Dr. Axt-Gadermann wie folgt:

- Der Stoffwechsel verbraucht bis zu 10 % mehr Kalorien pro Tag.
- Fettzellen werden schneller abgebaut, und die Bildung neuer Pölsterchen wird blockiert.
- Man ist nach dem Essen länger satt.

Buchtipp:
M. Axt-Gadermann, Schön mit Darm, Südwest-Verlag, ISBN: 9783517096148

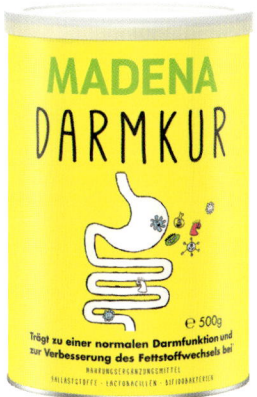

... mehr **Low Carb**